香港城市大學中文及歷史學系
創系十週年叢書
03

遣唐使之後

聯結東亞城市的人與物

李怡文 著

中華書局

香港城市大學中文及歷史學系 創系十週年叢書總序

客人來訪，都説香港城市大學方便，以其連接交通樞紐，毗鄰購物商場。商場被學生戲稱為「白區」，從白區穿越時光隧道，通過紅門，進入紫綠藍黃紅區，便是大學。的確，校園商場，幾近無縫接軌，大學在城市之中，城市也在大學之內。在大學的某個角落，有一個「中文及歷史學系」，師生們也在埋首研究和書寫城市。中文及歷史學系由創系系主任李孝悌教授建立之初，即以中國口岸城市研究為主要發展方向。光陰荏苒，轉眼十年，是時候交些功課，本輯「創系十週年叢書」，即立意於此。

我們去年年末邀請一些同仁為叢書撰著，今秋陸續收成，發現大家竟不謀而合地皆論及或立足於城市，且古今相投，前後呼應。古代方面，有兩千多年前的楚都紀南城（沈德瑋），千多年前的長安與上黨（呂家慧）、寧波和日本福岡與奈良（李怡文）。近代方面，有兩本不約而同地以十九至二十世紀的香港為主題（程美寶、陳學然），但一旦講到香港，便不得不論及鄰近城市。有兩本分別追溯蕭紅在哈爾濱和上海（劉東）、饒宗頤在新加坡（楊斌）的人生軌跡，但這兩位主角最終都魂歸香港。二十、二十一世紀之交，人類學家（曹南來）遠赴巴黎、羅馬，尋覓的卻是溫州的身影。即便是文學創作，兩位作家（馬家輝、陳志堅）既生於斯長於斯，自然亦從香港出發，或在九龍碰上李小龍，或到上海尋覓魯迅。

倘若讀者覺得老師們的文筆太老氣橫秋，不妨來點「小清新」，讀讀城大本科生的文學創作——特別感謝潘步釗博士和陳志堅博士兩位中學校長為本系開設文學課程，給學生悉心指導，並多年擔任本系主辦的「城市文學獎」顧問和評判。二人合編《城市微縮》，收入本系和城大其他學系本科和碩士生的散文作品，他們對同學的讚許和鼓勵，想必比本校老師更為中肯。同時要感謝的，是本系同事范家偉，他編輯《鑽燧薪傳》，收入多年來碩博士在讀和畢業生的學術論文，邀請校外人士評審，敦促同學改進，一如既往地為學系的研究生教育嚴格把關。

同事們平日在辦公室大部分時間都埋首書齋，即便在走廊碰面，也只是匆匆點頭問好，隨即返回自己的天地，所謂君子之交是也。師生在課室相見，花開花落，又是一個畢業季，又是一個開學日，都未必記得彼此的名字。同事師生間的相識與相遇，儼如城市行人擦身而過，份屬隨緣。猶幸的是，「叢書」將接近五十位作者和編者通過文字和出版聯繫在一起，有史學有文學，由考古學到人類學，自戰國時代至二十一世紀，給讀者呈獻一趟歷經古今中外數十個城市的超時空之旅。各部作品體例不同，寫作風格有異，但都不會因為篇幅短小便顯得內容膚淺，而是盡量做到言之有物。讀者若能從叢書序號 1 讀起，一本一本讀到第 12 號，浸沉在昔日都城的繁華盛世，看到它們煙飛灰滅或今不如昔，則對自身有生之年所目睹的城市興衰，不會感到不解或感傷。最後讀到年輕人的寫作，聆聽他們對城市的觀察與隨想，理解他們在微縮的時空裏，如何把文字化作一道掌風，對抗遺忘，最終夢遊至那「不存在的城」，也許便是希望所在，亦算是我們出版本叢書的一個不經意的成果。

程美寶、陳學然 謹識

2024 年秋冬之際，深水埗與九龍塘之間

目錄

序
遣唐使之後

當我們提起古代中日交流時，往往最先想到的就是「遣唐使」。這個詞的廣為人知也正反映了那一段歷史時期在中日關係史中的重要地位。公元七八世紀，唐王朝強盛，與周邊國家的交流多樣、頻繁又活躍，與日本的關係也不例外。從 630 年到 838 年，以實際成行的遣唐使為準，共有十二次遣唐使出發前往中國。[1] 這些遣唐使由日本朝廷派遣，去到中國除了向唐朝皇帝進獻朝貢品以外，還會藉此機會學習從典章制度到文化藝術等各方面的知識。今日的日本，特別是奈良、京都等歷史悠久的城市，從街道佈局、到古建築的風格，再到博物館中的許多珍貴收藏，皆是這段歷史的見證。

一個隨着「遣唐使」衍生的問題即是：遣唐使之後的中日關係是怎樣的？本書的這四篇文章，就將聚

1 另有三次成行的「送唐客使」和一次「迎入唐使」，因性質有所不同，未在此計算之列。

焦於中日交流中這一段沒有那麼引人注目的時期和一些鮮為人知的群體，以更加豐富我們對於中日關係的認識。在九世紀初，安史之亂後的唐王朝由盛轉衰，並且，之前兩個世紀的密切交流已使得日本在政治、宗教等領域都構建起了自己的體系。所以，是否仍值得冒著鯨波之險、大規模地派遣使團去中國，在日本朝中也引發越來越多的討論。最後的結果是，公元 838 年的遣唐使成為了歷史上最後一批遣唐使。894 年日本朝廷曾考慮再派遣一次使節，但最後未能成行，而且 838 年與 894 年相距接近六十年這一間隔也遠遠長於此前遣唐使平均大概十五年一次的派遣頻率。由此不難看出，曾經十分重要的遣唐使交流已經逐漸不再適用於變化的歷史環境，那麼，在此之後中日之間的交流是如何進行的？是否趨於停滯了呢？

首先可以肯定的是，在遣唐使之後的中日交流遠非步入停滯，反而為更多的群體提供了參與的機會。「遣唐使」就其本質而言，是中日之間的官方外交，理論上是由中日雙方的朝廷作為主導，並且依據既有規定進行具有政治象徵意味的交換。在遣唐使這種交流框架下，雖然多達六百人的使團中也包含僧侶、工匠等藉機去中國學習知識技藝的人士，使船除了攜帶朝貢品外也會裝載意圖在中國進行出售或交換的貨品，但這些制度規定外的交流，在唐王朝的管控下，甚至尚無法滿足日本朝廷的需求。在遣唐使中止時，日本從朝中貴族到知名寺院的僧侶、再到有一定經濟實力的民眾，都仍有着強烈的與中國交流的願望與需求，而這些被需求直接驅動的交流，如本書所示，以一種非官方的形式蓬勃發展了起來。

接下來的這四篇文章，就將聚焦於在遣唐使之後的中日交流中發揮了重要作用的幾個群體，包括海商、僧侶與工匠。他們都不是在官方的授意下渡海，但他們或有意或無意中促成的中國與日本之間人員、物品、信息及知識的交換，帶來的影響毫不亞於此前的遣唐使時期。第一篇文章集中關注了在十一到十三世紀定居日本的中國海商們，這些海商在後續的三篇篇文章中仍會繼續出場。首先介紹他們的原因之一就是，在遣唐使中止後，海商們成為了至關重要，乃至是唯一的、可以在中日之間提供渡海途徑的群體。他們橫跨中日間海域的貿易路線，成為了聯結中日的紐帶。我們將會看到，這些路線不僅輸送了中國產的瓷器到日本販賣，同時也把日本製作的摺扇帶到中國。同時，在東亞海路上流通的不僅僅是精美的、高價值的手工藝品，還有一些貨品可能是我們未曾預料到的。比如，海商們也運載了日本的木材到中國的杭州修建寺院，甚至還運送了寧波周邊的石材到日本奈良製作石雕。海商在交換這些物品的過程中，還時常身兼數職，如作信使或翻譯。

第二篇文章則通過討論茶在十二世紀再次由中國傳入日本的經過，將視線集中於佛教僧侶這一群體。遣唐使時期，僧侶就以留學僧或者學問僧的身份附屬於使團，前往唐朝學習佛法、並攜帶佛經與各種儀式用具返回日本。到九世紀初，經過此前的長期交流，日本的佛教也發展得頗具規模，不過有不少日本僧侶仍懷有到中國巡禮佛教聖地、了解中國佛教的最新進展的願望。他們在求法過程中，也推進了一些其他相關領域的交流。除了文章中討論的茶之外，書法、繪畫、建築等領域也都曾受惠於佛教僧侶創造的交流機會。對於僧侶們，另有一點值得注意的是，不少來自知名寺院的僧侶都與統治階層建立了千絲萬縷的聯繫。僧侶積極參與遣唐使後的東亞海域交流，在一定程度上也保留了統治階層獲取海外信息以及物品的管道，擴展了這一非官方網絡的影響與獲益範圍。

第三篇文章將目光轉向一個比海商與僧侶更少引人注意的群體——工匠。傳統史料中關於工匠的記載一向十分有限，但在十二、三世紀之交，一群來自寧波的石匠由於參與了日本奈良東大寺重建的這一重要工程，而在歷史中留下了自己的幾片足跡。通過對這些石匠經歷的追索，我們可以更清楚地看到海商、僧侶、工匠等群體如何互相支持、他們的行動如何交織在一起，以及這些在主流歷史敘事中相對邊緣的群體，如何在官方外交缺席時，成為了推動海外交流的主角。

全書的最後一篇文章則是對一種特別的物品——摺扇——進行長時段的討論。摺扇作為起源於日本的手工藝品，長期受到了中國文人的追捧。並且，從各時期的詩文記載中，我們不僅可以看到摺扇的製作工藝如何隨着中日交往而逐漸在中國生根發芽，還得以窺見中國士人們對摺扇的態度是怎樣隨着中日關係、社會環境的更改而變化。這一章的討論將從十世紀一直延續到十五世紀、明朝廷和足利幕府重啟朝貢貿易的時期。到這裏，我們關於「遣唐使之後」的敍述也畫上圓滿的句號。從「遣唐使」到「遣明使」之間歷經幾個世紀的激蕩，東亞海域間往來的人群、流動的物品如何形塑了東亞的城市面貌與文化景觀，將在接下來的篇章中一一呈現。[2]

2 本書第二、三章的研究得益於香港特別行政區研究資助局優配研究金〔CityU 11604921〕的支持，謹致謝忱。

第一章

福岡唐坊與宋朝海商

1977 年，當日本九州北部都市福岡興建地鐵時，在日本鐵路 JR 博多站西北方向發掘出了數以萬計的陶瓷碎片。經鑒定，這些碎片大部分為十二至十三世紀的中國製品。這一大批出土的歷史文物恰好將福岡與和它隔海相望的中國東南沿海聯結起來。福岡與中國的交往歷史跨越千年，並在福岡這座城市四處留下有形與無形的痕跡 —— 從別具一格的博多拉麵，到福岡城下的鴻臚館遺跡，再到大量承載着過往的海外貿易與生活訊息的瓷片。福岡在過去的十數世紀接納過無數出於各種目的渡海而來的人，見證了日本官方對於外來者管理措施的變化，而長期與海外文化的交流互動也使得福岡呈現出獨具魅力的城市風貌。

一、鴻臚館與大宰府

福岡作為對外交流窗口的歷史可以上溯到筑紫館與鴻臚館時期。「筑紫館」一詞在平安時代前、公元688年就已見於史籍，而進入平安時代後，被改稱為更具中國風的「鴻臚館」。筑紫館最初主要用於接待來自唐朝與新羅的使節，而日本遣使出訪時也會讓使節在筑紫館停留，做出使準備、等待合適的風向。進入九世紀後，從唐與新羅來日本的使節基本中斷，而鴻臚館的功能也發生改變，以接待來自中國的客商為主，成為了一處海外交易據點。[1]

鴻臚館從公元七世紀至十一世紀，存續約四百年左右。早在1920年代，日本的考古學家中山平次郎就根據有關鴻臚館的詩作中對於景色與地形的描寫，判斷鴻臚館的遺址應位於福岡城附近。而半個多世紀之後，在1987年平和台棒球場改造時，果真在中山平次郎推斷的位置發掘出了鴻臚館遺跡。該遺址經過

---

1 大庭康時：《中世日本最大の貿易都市 —— 博多遺跡群》（東京：新泉社，2009），頁12－14。

系統發掘，現在已是可供訪客參觀的鴻臚館跡展示館，館內保留了部分原始遺跡，同時也展示發掘出的各種物品，包括日本與中國及朝鮮半島的交易品等。根據現在的遺址，我們可知鴻臚館坐落在面向博多灣的高地上。在九世纪中叶入住鴻臚館的中國唐代客商曾留下「鴻臚門樓掩海生，四鄰觀望散人情」的詩句。[2] 如今，經過千餘年的自然變遷、泥沙堆積，以及步入近代以來的人工填海，福岡博多灣的海岸線已經發生了明顯的變化。現在站在鴻臚館故址雖然已望不到海，但周圍濃厚的歷史氛圍感依然足以讓人體味數個世紀前的行旅人的心境。

鴻臚館雖然是接待外國訪客的迎賓館，但它其實也是日本朝廷對外管理制度中的重要一環。外國訪客在九州登陸日本後應入住鴻臚館，且不得擅自離開館區範圍行動。管理九州地區事務以及日本對外事務的機構大宰府位於鴻臚館東南方向約 16 公里處。鴻臚館近海，而大宰府處於相對內陸的地區，這一選址大

---

2 石曉軍：〈日本園城寺（三井寺）藏唐人詩文尺牘校證〉，《唐研究》第 8 卷（2002），頁 114。

概也有安全與防禦角度的考慮。當海外客商抵達日本後，來自大宰府的官員會詢問他們的來航理由、人員組成及貨物情況，而他們隨船攜帶的貨物，都會被官員暫時扣留、檢查。大宰府會把調查後的人員名單及貨品清單呈交給京都朝廷，由京都朝廷決定對來訪客商如何處置，是將他們安置在鴻臚館、進行後續貨品交易，還是要求他們即刻返航。同時，京都朝廷具有海外貨品的先買權，即這些貨物會在京都朝廷挑選要留取哪些物品後，才可以發還給客商，進行下一個貿易步驟。[3]

平安時代的日本貴族乃至具有一定經濟實力的民眾，都對海外舶來品「唐物」情有獨鐘。史籍中可見日本朝廷在九世紀多次下令禁止海商與民眾的私下交易。比如，《日本三代實錄》仁和元年（885）十月二十日條就曾提到：「大唐商賈人，着大宰府是日下知府司，禁王臣家使及管內吏民私以貴直競買

3 詳情可參見渡邊誠：《平安時代貿易管理制度史の研究》（京都：思文閣出版，2012 年）。

他物。」[4]同時期的其他法規條文也對這一禁令多有重申：「蕃客賫物私交關者，法有恆科，而此間之人必愛遠物，爭以貿易。宜嚴加禁制，莫令更然。」[5]日本朝廷三令五申地禁止海商與民眾私下交易恰恰反映出當時舶來品的搶手，以及私下貿易的屢禁不止。九世紀時，一位來自中國蘇州一帶的海商，就曾從鴻臚館寫信至京都，想要請托當時駐錫京都寺院的一名中國禪僧義空幫忙物色自己的部分貨物的買家。這位海商為了可以更便捷地獲得在京都銷售貨物的渠道，甚至提前帶自己的侄子來到日本，安排在禪僧義空的身邊做侍童，以建立可靠又牢固的聯繫。但海商的這種請托，本質上即是有悖於政府禁令的一種走私。[6]

不過，在對外來人員的管控這一方面，並非只是

---

4 《日本三代實錄》卷 48，黑板勝美編：《新訂增補國史大系．第四卷》（東京：吉川弘文館，1971 年），頁 593。

5 《類聚三代格》卷 18，黑板勝美編：《新訂增補國史大系．第二十五卷》（東京：吉川弘文館，1998 年），頁 571－572。

6 詳情可見李怡文：〈九世紀中後期中日間的僧商互動—以《風藻餞言集》與「唐人書簡」為中心〉，《海交史研究》，第 89 卷第 3 期（2022），頁 55－59。

日本特別嚴格。當時的中國，同樣對於來自日本的遣唐使們實施了相當程度的監管。日本天台宗高僧圓仁曾隨公元 838 年的日本遣唐使團入華，並且他對在中國的遊歷見聞都進行了頗為詳細的記錄，他的日記《入唐求法巡禮行記》也成為研究唐後期中日交流、佛教史乃至唐代社會的寶貴材料。圓仁當時雖然是遣唐使的成員，不過他並不具備前往唐代都城長安、覲見皇帝的資格，只能留在他們的船隻登陸的長江下游一帶，等着進京的使團成員歸來。雖然如此，圓仁的日記中還是保存了很多從進京成員處聽聞的細節。據圓仁所記，他的遣唐使同伴們在都城長安完成進呈貢品等一系列任務與儀式後，在回到長江下游的路上，想要沿途購買一些在日本十分受歡迎的唐物，諸如香藥、工藝品、書籍等。但他的同伴們的一舉一動都受到隨行官員的嚴格監視。當使團成員僅是稍稍偏離行進的道路，馬上就會有唐朝的隨行官員敲響手中的鼓，提醒他們馬上回歸到隊伍中。而當幾名使團成員在臨近目的地時終於找到機會進入當地的市場，卻在尚未購得想要的商品時就已引起了市場中的管理人員的警惕。當管理人員上前盤查這幾位使團成員時，他們為了躲避盤查奪路而逃，不僅在逃跑過程中掉落了很多現金，而且有一名同伴仍不幸被扣留。並且，逃回駐地的使團成員還是很快被尋上門來的唐代官員帶走問詢。[7] 圓仁日記中這一番生動的記載將唐王朝對於外國來訪者的管控細緻入微地呈現給讀者，我們也難得地看到了那些管制規定在現實中如何具體實現。

讓我們再將視線聚焦回日本。平安時期的日本朝廷對於外來人員的管控不僅在於對他們入境後活動的限制，另有一項重要的規定被稱為「年紀制」。年紀制對海商來訪日本的頻次進行了規定，要求海商在兩次抵達日本之間必須間隔一定年限。現在學界對於這一具體的間隔年數的討論尚未達成一致，學者們估算的年限從三年到十年以上不等。[8] 這一項規定實際上使得外來人員很難在日本建立牢固的根基。不過，政策在執行過程中也時常會有迴旋的餘地，這也促成了以對日貿易為生的中國海商們努力經營與日本當權者

---

7 圓仁著，白化文、李鼎霞、許德楠校注：《入唐求法巡禮行記校注》（石家莊：花山文藝出版社，1992 年）。

8 渡邊誠：《平安時代貿易管理制度史の研究》，頁 246－265。

的關係，以期在貿易過程中有可能繞過禁令、獲得優待。

在九世紀中期之後，此前曾在中日交往中發揮了巨大作用的遣唐使團已不再出航。前文提及的公元 838 年入唐的圓仁，實際上就是跟從了最後一批遣唐使。而當外交使團不再出行，如圓仁一般決意去中國求法的日本僧侶們，無法再搭乘遣唐使船，就改為尋求海商的幫助。而這些來自日本知名寺院的僧侶們，不少本就出自日本貴族階層，與日本當權者具有千絲萬縷的聯繫。中國海商們也藉由護送日本僧侶渡海、為他們送信甚至提供翻譯等機會，建立起了與日本朝臣的聯繫。日本的史料中就記載了不止一位中國海商，利用自己與日本僧侶的關係而繞過年紀制規定。比如，在 1005 年，海商曾令文攜帶着當時居於中國的求法僧寂照寫給日本實權掌握者藤原道長的信，抵達九州。因為曾令文實際上違反了年紀制的規定，理應被遣返，但藤原道長召集了幾位官員舉行緊急會議，最後以宮中前不久失火、損失了許多唐物為由，特別批准曾令文可以進行此次貿易。曾令文除了呈交來自寂照的信以外，也獻上了茶碗、蘇木、書籍等最受日本貴族歡迎的唐物給藤原道長，以示謝意。[9]

從九世紀中葉起，隨着日本遣唐使團的中止，主導東亞海域間交流的群體也在發生變化。福岡作為中日交流的最重要節點之一，也見證並參與了這些變化。直到十一世紀早期鴻臚館與大宰府還都在頗為有效地發揮着管控作用，但海商們種種試圖繞過管控的嘗試及其成功，也從側面表明中日雙方對交流的規模與頻次的需求超過規定所限。隨着日本中央朝廷對九州的管治逐漸發生變化，在十一世紀後期，來到福岡的中國海商也開始面對新的機遇與新的挑戰。

二、唐房的樣貌

綜合史料中的記載與遺址的考古發掘，可以推知福岡的鴻臚館大概在 1047 年後就已停止使用。日本史料中有兩處提到鴻臚館在 1047 年遭遇了一場大火，而遺址現場也發掘出大量屬於十一世紀上半葉的

9　竹內理三編：《大宰府．太宰府天滿宮史料》（東京：吉川弘文館，1968 年），卷 4，頁 375－376 。

瓦片，並且遺址中的焦土層也顯示出鴻臚館在火災後並未重建。[10]

與之相伴的，鴻臚館的管理機構大宰府在同一時期也出現了明顯的功能弱化的趨勢。從十一世紀 70 年代開始，日本的記錄中就開始顯現出大宰府管治不足的種種跡象。如 1085 年，日本朝廷的一次會議上，中央官員就批評大宰府對外來人員過於憐憫，即使見到中央下達的驅逐令也未必會驅逐客商。後來也出現來自宋朝的海商在博多一帶被人搶劫財物，但因為大宰府的主管官員在被京都朝廷任命後並未實際到九州赴任，海商雖然向大宰府報告了遭遇，但沒有及時獲得幫助。[11] 進入到十二世紀後，大宰府對於外商的管控就已不再見於記錄，之前由鴻臚館和大宰府共同搭建起的對來日客商嚴密的管治時代也就此落下帷幕。

而唐房（也作「唐坊」）正是在此背景下出現。

---

10 大庭康時、佐伯弘次、菅波正人、田上勇一郎編：《中世都市・博多を掘る》（福岡市：海鳥社，2008 年），頁 32－33。

11 渡邊誠：《平安時代貿易管理制度史の研究》，頁 359。

之前大宰府對於登陸外商的嚴格管控、連同在鴻臚館居住以及年紀制的要求，都使得外來客商很難在日本建立長期的根基。但鴻臚館的停用與大宰府管理的鬆弛為頻繁往來中日之間的中國商人提供了之前未曾有的、定居日本的機會。大概自十一世紀末開始，就有從宋朝而來的商人開始在鴻臚館東側不遠、御笠川與那珂川中間的博多津建立房屋，這一地帶在十二世紀就形成了「唐房」。唐房實際上在史料中留下的文字記載非常有限，學者們都是根據零散的碎片信息判定唐房的存在。目前可見的「唐房」一詞最早在文獻中的明確出現是在一部抄寫於公元 1116 年的佛經中。這部手抄佛經的末尾標註抄寫者為居住在「筑前國薄多津唐房」的船頭襲三郎。這短短幾個文字恰好可以證明當時「唐房」應該已形成了較為可觀的規模，已是可以作為地址標識的穩定的存在。[12] 另有在中國發現的材料，也可印證此時博多存在一個定居的、中國商人群體。寧波的天一閣博物館保存有三塊刻於南宋

12　榎本涉：〈《栄西入唐缘起》からみた博多〉，《中世都市研究》第 11 輯（東京：新人物往來社，2005 年），頁 91。

乾道三年（1167）四月的石碑，每塊石碑都分別記有一名居住在日本的中國海商，為寧波的一所寺院鋪設道路捐獻了十串銅錢。其中一塊碑的銘文明確指出這位捐資的海商居住在「太宰府的博多津」，而另兩塊碑也寫有「太宰府」與「日本」字樣。根據這三塊石碑相近的形制與刻工，我們基本可以斷定，這三位仍積極參與宋朝的地方建設的海商，都居住在福岡博多唐房。[13]

雖然關於唐房的文字記載十分有限，但福岡當地的考古發現為我們了解當時這一定居在福岡的海商群體提供了豐富的信息。本文開篇提到的、福岡在 1970 年代後期進行的考古勘察，就在數個地點都發掘出了大量的中國產的陶瓷器。這些出土的陶瓷，都位於唐房的區域之內，而學者們也通過分析不同地點出土的陶瓷的不同情況，對各處遺跡的原有功能進行了推斷。在唐房的邊緣、博多津西岸最靠近海的位置，出土了大量的陶瓷碎片，這一處遺跡被認為是用

---

13 顧文璧、林士民：〈寧波現存日本國太宰府博多津華僑刻石之研究〉，《文物》，1985 年第 7 期，頁 26－31。

於丟棄在航行中破碎的陶瓷的地點。而相對靠近唐房中心區域的一處遺跡，則出土了雖有破損但相對完整的一批陶瓷器，這批陶瓷器還被裝入了長寬各約 1 米、高 30 釐米的木箱中。這一批陶瓷器可能是在商人們已經卸貨之後、在銷售貨品前再次檢查貨品狀態時發現的殘次品。另有一些質量較好的瓷器，在住宅遺構的內部發現，包括燈盞、酒壺、酒杯、杯托、碗碟等，品樣多而數量少，這些可以認為是海商從中國帶到日本自用的日用品，而發現的地點就在他們的家中。[14]

唐房一帶留存的建築架構與部件也可幫助我們推想當時住在那裏的人們的生活狀態。根據對建築遺存的調查，唐房區域內的建築並未呈現出與其他地區建築的明顯差異，可知應該也是日本式的建築。不過在唐房區域出土了許多別緻的瓦當，這是其他區域所未見的。這些瓦當有水波紋式的邊緣以及按押形成的紋樣，形制與中國南方地區 —— 特別是上文提到的海

---

14 大庭康時：《中世日本最大の貿易都市 —— 博多遺跡群》，頁 21－23。

商捐資修路之地寧波——非常接近。目前尚無確切證據判斷這些瓦當是從中國南方進口而來，還是利用中國的技法在日本製作的。不過考慮到發現的瓦當數目稱不上龐大——學者們推斷這些瓦片的數量不足以覆蓋整個屋頂，而僅是在屋簷起到一定的裝飾作用，那麼似乎更為可能的情況是這些瓦當就是從中國直接進口而來。[15]

唐房中不僅建築物本身是日式建築、中式屋簷這樣的中日合璧，建築物內部的生活器具也是中日混用的狀況。如前文所述，燈盞、碗碟等日用品多為從中國產，而遺跡中發現的煮炊具是石製的鍋，則很可能是日本九州當地所產。在唐房定居的中國海商，大多可能與日本當地女子結婚，這也符合唐房內部中日融合的風格。有一份記錄於 1105 年的由中國泉州出航抵達福岡的船員名單，這艘船所載 72 人，均為男性。可以推知，當時中國女性出海、隨家人到海外定居的情況應十分罕見，而史料中也可見一些定居日本

15 大庭康時：《中世日本最大の貿易都市——博多遺跡群》，頁 26－27。

的中國海商娶日本女子為妻並育有中日混血的後代的例子。[16]

唐房一帶的考古發現對生活在唐房的社群規模以及當時中日之間貿易的組織形式亦提供了豐富的線索。在唐房遺跡出土的陶瓷片，有一部分上帶有「墨書」，即用筆寫在陶瓷製品上的文字。這些墨書通常寫在碗碟等的底部，文字組合一般有如下幾種形式：姓氏、姓氏＋綱、姓氏＋花押等。墨書主要起到的作用是標識貨品的所有者，大概應是在貨品完成包裝，比如一疊碗或碟被仔細捆扎之後，寫在最外側的貨品上。「姓氏＋綱」是常見的墨書組合，如「王綱」、「張綱」。這裏的「綱」是綱首（也稱綱司、綱使）這一稱謂的縮寫。綱首可以理解為一批貨物的實際負責人，這批貨物可能是他們自己的，也可能是受其他人委託經管。一般情況下，一艘海船上會有來自多個綱首的貨物，所以需要標識以區分。至於其他只有姓氏或者姓氏加上某種符號花押的墨書，有學者認

16 薛豹、游彪：〈赴日宋朝海商初探 —— 以寧海周氏為中心〉，《浙江學刊》，2012 年第 4 期，頁 25－33。

圖一：福岡出土的寫有墨書的陶瓷碎片（感謝福岡市埋藏文化財中心提供本圖像）

為可能是屬於船員的私人攜帶物品，所以未加「綱」字。[17] 不過現有材料似乎也未能提供充足的證據使我們可以進行系統性區分，不同的標識習慣、甚至貨品本身可以提供給墨書的物理空間，都仍有可能影響當時人決定如何做這一標記。

現存的墨書樣本必然只是冰山一角。因為如前所述，從唐房遺跡中挖掘出的陶瓷器或者碎片，絕大多數是已在運輸過程中損壞或者本身是殘次品。這些自然只佔從中國進口而來的陶瓷貨品的很小一部分，大部分都已被出售、進入市場流通，離開了福岡這個港口。不過，僅對從唐房遺跡中出土的墨書瓷片進行不完全統計，我們已經可見至少八十個不同的姓名單字、六十二種不同的名字組合，以及三十五種不同的姓氏與綱首稱謂的組合。一些常見姓氏，如王，出現了超過八十次，另有丁、林、莊等姓氏，也分別出現了六十、三十及二十二次。[18]

17 具體研究可參見大庭康時：《中世日本最大の貿易都市——博多遺跡群》，頁 40－41。

18 大庭康時、佐伯弘次、菅波正人、田上勇一郎編：《中世都市・博多を掘る》，頁 99。

雖然我們很難用這些碎片信息對當時唐房的居民人數做一個相對準確的推斷，不過保守估計，在十二、三世紀唐房鼎盛時期，應有幾百戶人家居住於此。這些人大多數都以海外貿易為業，而且很多都應來自中國東南沿海，並且也有相當比重的居民信奉佛教。這些海商，雖然真真切切地在這片土地上、這片海域間生活過，但一如歷史上的所有小人物，並未留下多少可以用於復原他們的經歷的痕跡。不過，很幸運的是，有一位曾居住在唐房的大海商，因為結識幾位歷史上的關鍵人物並參與了一些重要事務，在史書中擁有了自己的一席之地。甚至他的一些事跡，經過八百年來的層層加工，現今在福岡如歷史傳説一般被人繼續講述。接下來的一節，我們就會聚焦於這位名為謝國明的大海商，並通過他的經歷管窺當時唐房的生活。

三、謝綱首的歷史與傳説

如果漫步在今日的福岡，歷史上的唐房區域仍留存兩處重要的建築，即承天寺與聖福寺。這兩處寺院均為禪宗寺院，佔地面積都不算廣闊，幾乎是藏在窄巷與緊湊的房屋間。這兩間寺院都與十二、三世紀時生活在日本的中國海商密切相關。關於聖福寺的由來，我們在下一篇會詳述，這裏先講承天寺與他的創辦者謝國明。

謝國明據載是中國杭州人，長期從事中日間的貿易，是頗受海商們尊敬的「謝綱首」。謝國明居住在唐房地區，並娶了日本女子為妻。在十三世紀 30 年代，謝國明在福岡就已頗有勢力。在海商身份之外，謝國明同時還與福岡當地的幾間重要寺院及神社關係密切。他不僅在唐房一帶擁有自己的土地，甚至同時享有對附近的離島小呂島的管理權。謝國明於 1242 年在唐房東側、他從筥崎神社買來的土地上建立了承天寺，並且邀請了剛從中國學習禪宗歸來的日本僧侶圓爾辯圓擔任開山住持。[19]

---

19 關於謝國明的情況，中文著述中較詳盡者包括：趙瑩波：《宋日貿易研究：以在日宋商為中心》（新北：花木蘭文化出版社，2016 年）一書中第七章〈「在日宋商」群像〉第二節〈謝國明〉；李廣志：〈南宋海商謝國明與中國文化在日本的傳播〉，《寧波大學學報》（人文科學版），2018 年第 6 期，頁 69－75 。

作為一名海商，謝國明為何要如此大費周章建立一所寺院？這一舉動恰恰是對當時中日之間交流情況的精準映射，是中日海上網絡的一個縮影。在遣唐使團中止後，出海求法的僧侶與海商之間開始互相協助，在前文已有提及。這一趨勢在十一世紀中後期、海商得到在日本定居的機會後，得到了進一步的發展。當九州的政治中心大宰府開始疏於管治，身為外來者的中國海商除了獲得更多的自由外，也面臨更多的風險與挑戰。他們也需要尋找自己的「靠山」，來應對諸如搶劫、拖欠貨款、被其他勢力排擠等等棘手的情況。所以，許多定居在福岡的海商都積極尋求與當地寺社的結盟。比如，謝國明在自己建寺前隸屬於筥崎神社，而前文曾手抄佛經並署住址為博多津唐房的船頭龔三郎則隸屬於大山寺（也稱有智山寺）。這些九州本地的寺社，也很歡迎海商的加盟。九州本地有勢力的寺社，有相當一部分是京都周邊大寺社的分支，對獲取海商帶來的舶來品並從海外貿易中分一杯羹都十分有興趣。當然，不可否認的是，許多海商本身對於佛教也是滿懷虔誠。遠洋航行在當時仍是風險非常高的活動，而海商們也都熱衷於從神佛菩薩處尋求一份庇佑。海商們手抄佛經或者向港口所在地的寺院捐資修路，大概都不僅僅是為了直接的現實利益，而更是出於內心的虔敬。

海商與寺院的結盟，在當時的東亞世界，無論是現實還是信仰層面，都可謂是一拍即合。謝國明選擇建立禪宗寺院並且邀請剛剛從中國求法歸來的圓爾作為開山，都是別具深意的決定。雖然禪宗在日本當時還是新興宗派，但在海對岸的南宋已是如日中天。南宋朝廷指定了五座最具聲望的禪寺為「五山」，這五座禪寺中的三所（徑山寺、靈隱寺、淨慈寺）位於南宋都城杭州，兩所（天童寺、阿育王寺）在臨近都城的重要港口寧波。它們都享有諸多特權以及來自皇室的各種賞賜。而圓爾長達六年的求學，實際上就在五山之首的杭州徑山寺。徑山寺被宋孝宗賜額「興聖萬壽禪寺」，並曾被指定為慶賀皇帝誕辰的道場，集一時榮寵之盛。[20] 謝國明邀請圓爾作為承天寺的首任住持，實際上也意在建立承天寺與徑山寺的聯繫。這對

---

20 曹勳：《松隱集》卷 30〈徑山續畫羅漢記〉，《景印文淵閣四庫全書》（台北：台灣商務印書館，1986 年），第 1129 冊，頁 13。

於他所在的、長期往來於中日之間的海商群體，是寶貴的資源。

成為承天寺開山的圓爾禪師，也不遺餘力地強化承天寺與徑山寺的聯結。他在上任後馬上邀請自己在徑山寺的師父無準師範為承天寺書寫匾額。無準師範是南宋禪林德高望重的高僧，其墨寶亦是赫赫有名。無準師範十分樂意見到禪宗在日本生根發揚，不僅很快寄去了圓爾所求的墨寶，並在附信中很謙和地寫到：「所言大字一一寫去，又恐寺大而字小，不知可用否。如不可用，後便寄聲，又當書去矣。」[21]

不過，徑山寺與承天寺的關係也並非僅是徑山寺單方面幫扶承天寺。擁有海商資源的承天寺也在關鍵時刻向徑山寺提供支持。1242 年，徑山寺遭遇了嚴重的火災，而在當時的南宋都城一帶，經過南宋初年對宮室等的大規模營造，獲得足夠可用於重建寺院的、高規格的木材十分不易。所以，在從無準的信中得知徑山寺失火後，圓爾很快聯繫謝國明，準備從九

21　田山方南編：《禪林墨蹟》（東京：禪林墨蹟刊行會，1955 年），頁 11。

州運送木板去杭州。謝國明與他的海商同伴們共準備了一千片木板，分裝在三艘海船上運往杭州。這次運送木板還遇到了一些波折，而具體過程也難得地在無準與圓爾的通信中記錄了下來，為我們提供了寶貴的了解中日間交流實像的機會。

師範住持在寄給身在九州的圓爾的信中是這樣寫的：

> 又荷遠念山門興復重大，特化千板為助，良感道義。不謂巨舟之來為風濤所鼓，其同宗者多有所失。此舟幸得泊華亭，又以朝廷以為內地不許抽解，維持一年，方得遂意。今到華亭，已領五百三十片。其三百三十片尚在慶元，未得入手。余乙百四十片，別船未到。

當時從日本駛向中國的商船，理論上應停靠在設有市舶司的港口，要進口到中國的海外貨物需要首先經過市舶司的檢查、抽税等。而這三艘發自福岡的海船，只有一艘順利抵達了日宋貿易中最常用的港口——寧波，還有一艘停留在華亭——如今的上海—但因為那裏當時沒有市舶司，這艘船及其上的貨物被暫時扣留。而第三艘船直到出發一年多後仍杳無音信。通過這次運送木板的成功率就可推想，在十三世紀時進行遠洋貿易仍面臨着極高的風險與不確定性。受到謝綱首委託運送木板的海商幾經嘗試也沒有辦法通過自己的力量取回被扣押在華亭港口的船，所以最後還是向徑山寺求助，而徑山寺實際上是用了賄賂華亭的官員的手段，既幫海商們解決了難題，也拿到了自己需要的木材。[22]

謝國明在關鍵時刻向徑山寺運去了其亟需的木材，也由此與無準禪師和徑山寺的監寺德敷和尚建立了密切的關係。德敷和尚曾在信中讚揚謝國明對佛法的領悟有獨到之處，而無準禪師更是在 1248 年病重之時特意直接寫信給謝國明，遺憾他們無緣再得面見，並附上了兩幅宣城虎圖作為禮物留念。

---

22 此次事件的具體經過及分析，可見 Yiwen Li, "Integrating Faith and Profit: The Religio-Commercial Network Spanning China and Japan, 1100-1270," *Journal of the Economic and Social History of the Orient*, Vol. 64. 3 (2021), pp. 191-216.

謝綱首由於與圓爾、無準等禪師的密切交往而在史籍中留下了遠比其他海商多得多的線索。從謝綱首的經歷可見，當時居住在唐房的大海商在中日兩邊都積極建立聯繫，而他們本身也成為中日之間物資流動乃至文化、信仰交通的橋樑。而海商也不是僅僅專注於貿易盈利，他們對佛教的傳播有積極的參與，而如謝國明一般在經濟、文化方面均有突出實力的海商，甚至可以與高僧探討佛法與藝術畫作。

大概也是因為謝國明在對唐房的發展以及中日之間文化交流方面都做出過突出的貢獻，福岡當地流傳着許多關於謝國明的事跡，而在唐房區域也時不時就會見到與謝國明相關的痕跡。比如，有一則傳説是，博多地區有一年遭受天災，而謝國明則在除夕那天，將本來作為貨物存放在承天寺的麵粉製作成麵條，發放給災民們。也因此有了蕎麥麵是經謝國明的引介而在日本流傳開來的傳説。傳説中的謝國明，還介紹了饅頭的做法、造船、針灸等技術到日本。距離承天寺不遠處，有一棵粗壯的楠木，據稱謝國明的墓就在那裏，墓碑就被楠木在生長過程中環抱其中。謝國明也被人稱作「大楠菩薩」。

圖二：承天寺中紀念謝國明的石碑「御饅頭所」（作者攝於2018年12月）

結語

如今，每年夏季八月，福岡博多區都會舉行大楠樣千燈明祭。人們這時會抬着謝國明的塑像出來遊街，而晚上則會點亮無數紙燈籠。承天寺的住持會帶領僧侶念誦經文，甚至遊客還會被派送蕎麥麵。現在流傳在福岡的關於謝國明的種種傳説，與地下鐵工程中挖掘出來的陶瓷碎片，及整修棒球場時確認的鴻臚館遺址一樣，都是福岡之所以成為今日的福岡的關鍵元素。雖然那些一點點打造了唐坊、並留在日本娶妻生子的宋朝海商們，大多都沒有在歷史中留下一個完整的名字，但正是他們冒着風險一年年、一次次地橫渡大洋，運送兩岸各自所需的貨品，才使得中日間的交流在官方外交中止的情況下反而愈發活躍。我們在本書接下來的兩章仍會見到這些居住在唐坊的海商，並看到他們的影響力如何超出貿易領域、超出九州，成為這一時期東亞海域的關鍵一環。

第二章

榮西的茶與浙東的佛寺

在 1214 年，時已 74 歲高齡的日本著名禪僧榮西，將自己所著的《吃茶養生記》一書進呈給年輕的幕府將軍源實朝。源實朝當時正值身體欠佳，而榮西進奉的茶與《吃茶養生記》也由此引起了源實朝極大的興趣，為之後這本書及茶文化在日本的流行提供了重要契機。

在今日的日本，茶具與茶道都是日本文化的標誌性組成部分，茶文化由中國傳播到日本也是眾所周知。不過，茶文化究竟是在一種怎樣的歷史背景與社會環境下在日本生根發芽的，以及在這個過程中哪些人物發揮了關鍵的作用，仍然值得進一步說明。早在九世紀初期，茶已由遣唐使帶回日本，並且受到了日本上流階層的喜愛，但這股浪潮之後逐漸陷入沉寂。茶文化能享有如今在日本的地位，可以說榮西是功不可沒。而十二三世紀由僧侶和海商主導的中日間的物質與思想的交流，則為關於飲茶的知識與器具的傳播提供了重要的舞台。我們在前文已經見到的居住在福岡的唐坊、往返於日本列島與亞洲大陸間的中國海商，實際上也是這一文化傳播網絡中的一環。本文將通過聚焦於榮西的經歷，從而將海兩岸的歷史相連結，以說明茶葉及相關知識如何流動以及這一新興的潮流又如何形塑了當時日本的文化景觀。

一、榮西的第一次入宋

《吃茶養生記》是現存記錄中榮西的最後一部著述。這部書雖然篇幅不長，且看似集中於茶這一具體話題，但它實際上仍是可以綜合地反映榮西思想的作品。並且，榮西人生中的關鍵經歷乃至思想變化，也在書中可以尋得蛛絲馬跡。同樣地，了解榮西的經歷也成為理解榮西寫作《吃茶養生記》的重要線索。

榮西於 1141 年出生於日本的備中國吉備津（位於現在的岡山市）。榮西俗姓賀陽，他的父親是當地的大社吉備津神社的祠官。榮西自八歲起就開始跟從父親學習一些基本的佛教思想，十一歲時進入了吉備郡的安養寺拜師學法，而在十三歲時就已離開備中、來到京都登上比叡山求學，次年在比叡山受具足戒。[1]比叡山延曆寺是日本最有聲望與權勢的寺院之一，同時這一寺院長期受到大陸佛法的重要影響。比叡山的密教修行屬於天台宗，由高僧最澄於 804 年隨遣唐使入唐學習的佛法生發而來。前文提到的 838 年跟隨最後一隊遣唐使入唐並留有日記的僧人圓仁，即是最澄的弟子，而圓仁從唐朝帶回的大量經文及密教儀式用具也對比叡山的進一步發展起到了重要推動作用。

榮西在比叡山修學天台教義，頗有所得，後來又接受顯意法師的密法灌頂，也跟從基好法師學習密教。不過當時的比叡山，與三百年前最澄、圓仁的時代相比，已不復當年在思想上的活力。十二世紀中葉，日本國內在政治氛圍上正是一段動蕩的時期。正如前文提及大宰府已出現管治能力衰退的情況，京都朝廷實際上在多方面都面臨類似的問題，而以源氏、

1　多賀宗隼：《榮西》（東京：吉川弘文館，1998 年），頁 14、18。本文所涉及的榮西的生平經歷，除特殊標注外，均參考自這本榮西傳記。

平氏為代表的武士集團也在崛起，意圖分一杯權力。在政治領域之外，佛教思想領域所面臨的危機似乎有過之而無不及。當時眾多的日本信徒相信日本自 1052 年起已進入了末法時代，即佛法上的開悟已變得極難達成，而來自佛法的救贖也很難獲得，世界由此墮入一個黑暗時代，信眾們只能期待上萬年後未來佛彌勒的出現。

為了應對末法時代，日本的佛教信眾開始修建經塚。信眾們通常將經文裝入青銅或者陶製的經筒中，並與銅錢、小瓷盒、青銅小刀等一些供奉品一起埋入地下，建成一個個經塚。許多經塚中都含有石灰、木炭等防潮措施，所以不少經筒裏的經文在將近一千年後仍保存完好，可以閱讀。經塚在日本分佈廣泛，在除了北海道以外的區域都有發現，但在中國和朝鮮半島都未曾見到，可知是日本獨有的、應對末法的一種儀式。[2] 經塚中發掘出的供奉品有不少產自中國，而且

---

2 関秀夫：《経塚の諸相とその展開》（東京：雄山閣，1990 年），頁 122、154；九州国立博物館：《未来への贈り物：中国泰山石經と浄土教美術》（東京：読売新聞西部本社，2007 年），頁 180。

這些產自中國的陶瓷器、銅鏡等頗受信眾的珍視。比如，一種在中國被稱為「四繫罐」的普通陶罐，在幾個經塚中都有出土，是作為保護經筒的外部容器。而且有的陶罐的表面還被特意劃刻了紋路，用以襯托經塚本身的清寂氛圍。另有湖州產的銅鏡被刻畫上了佛像，以及在中國作為首飾盒用的青白瓷盒盛裝了玻璃珠子，大概是用來代表舍利。居住在唐房的中國海商們，如前文所述，也多是虔誠的佛教徒。他們也入鄉隨俗，如日本的信眾一樣修建了經塚。在唐房區域也有發現一些經塚，並且經筒的銘文上也可看到「宋人馮榮」、「莊綱」等明顯是來自中國的佛教徒的署名。[3]

正是在這樣一種時代背景下，榮西開始尋求重振日本佛教的新路徑。他把目光又重新投向中國大陸。在遣唐使時代結束後，雖然渡海到中國求法的日本僧人仍不絕如縷，但鑒於日本的佛教至此已建立起基本體係，在九世紀後前往中國的日僧們的意圖似乎更傾向於巡禮佛教聖地並與中國同道進行更平等的佛法交

---

3 大庭康時、佐伯弘次、菅波正人、田上勇一郎編：《中世都市博多を掘る》，頁 236。

流。[4] 榮西入宋求法則是在中日佛教思想交流相對沉寂了兩世紀後又掀起了一次新的浪潮。

榮西一共有兩次入宋經歷。他決心以入宋求法來為日本佛教注入新的活力，與他在比叡山的法脈應該不無關聯。榮西在比叡山的師傅都承自圓仁以下的法脈，而其中一位重要的高僧皇慶（977-1049）也曾懷有渡海求法的志向，可惜一直未能實現。皇慶與榮西雖相隔一個多世紀，但對榮西亦影響頗深，榮西在自己的著作中還曾特意提及皇慶，很可能皇慶未遂的志願對榮西的入宋也起到了推動作用。[5]

榮西第一次入宋是 1168 年，他當時只有 28 歲。他於 1167 年底自故鄉拜別父母後，就出發前往九州。他沿途還在諸多寺社為自己的渡海祈福。我們了解榮西這一段經歷的主要材料是《榮西入唐緣起》，其中明確記載：「其年冬十二月三日，辭父母赴鎮

4　例如日僧成尋在 1072 年在宋太平興國寺停留時，特意詢問了日僧源信所著《往生要集》在中國的流傳和影響。參見成尋著、王麗萍校點：《新校參天台五臺山記》（上海：上海古籍出版社，2008 年），頁 340。

5　多賀宗隼：《榮西》，頁 25－31。

西。詣宇佐宮七日，遇元三，詣肥後阿素嶽，此處是八大龍王所居也。二七日修練，祈渡海無難，一一得勝利。二月八日，達博多唐房。未庸船、解纜之前，安樂寺天神、竈門法滿、筥崎、香椎、住吉，如是靈社，無不經歷。一一得渡海之感應。」

文中提到榮西於「二月八日達博多唐房」，可知當時居住在唐房的宋朝海商成為了榮西順利抵達中國的重要因素。而之前皇慶想要去中國的願望無法實現，或許也在某種程度上緣於他所處的時代正是海商無法自由往來、定居的時代。榮西在到達唐房後應該很快就獲得了海商船上的一個座位，因為他在短短兩個月後，就已經登船離開了博多。據《入唐緣起》所載，榮西的船「四月三日解纜，同十八日放洋，廿四日就明州之津」。這艘船應是在日本近海等待合適的天氣和風向約兩周，而之後只用了六天就順利橫渡了東海，到達了海商們最為熟悉的中國港口寧波。[6]

寧波在中日交流中的地位舉足輕重，但它的影響

6　榮西：〈榮西入唐緣起〉，收於藤田琢司編：《榮西禪師集》（京都：禪文化研究所，2014 年），頁 845。

力不單單來自於它的港口功能。寧波周圍還聚集着當時宋朝最知名的幾座佛寺，而這些佛寺就成為了榮西此行的目的地。據載，榮西到達宋朝後不久就遇到另一位同樣來自日本的僧人重源。「東大寺前勸進大和尚重源，從他船入唐，於明州相視互流淚。」他們兩人就相伴一起登上了日本天台宗僧人最為嚮往的天台山，拜訪了萬年寺。在天台山，他們還一起渡過了一座知名的石橋，這座石橋據説有業障的人是無法通過的。隨後，榮西與重源又一起拜詣了位於寧波鄞縣的阿育王山。阿育王山供奉着印度阿育王分給各地各寺院的八萬四千座阿育王塔中的一座，長期吸引着大量信眾。同時，作為一座歷史悠久的知名佛寺，阿育王寺在南宋時也擁有頗為可觀的田產，對海外貿易亦有直接參與。[7]

榮西第一次入宋只在中國停留了不到六個月。在當年九月份，他就與重源一起，同船回到了日本。至於第一次入宋，對榮西的思想究竟有何種影響，直接

---

7 陸遊：〈明州育王山買田記〉，《渭南文集》（北京：中華書局，1976 年），頁 2148。

而具體的記述並不很多。作為日本臨濟宗的初祖，榮西的禪宗思想最為人所知，但實際上，第一次入宋回到日本後，榮西仍然以密宗修行為主，也未見到明顯的宣揚禪宗的痕跡。榮西與禪宗的聯結，要直到榮西第二次入宋後才建立起來。

二、榮西的第二次入宋

榮西在 1168 年回到日本後，沒有返回他熟悉的比叡山長期逗留，反而來到了他的故鄉備中、備前一帶，在那裏修行傳法。在兩備地區停留七年後，大概是由於源氏與平氏的爭鬥逐漸波及到那裏，榮西就再次上路，這次榮西依然沒有再回京都地區，而是又去到了九州，並且一住就是十餘年。榮西為何在九州停留如此長的時間，其實並沒有相關記載可以給出明確的答案，不過很有可能的是，榮西已經有了再次渡海的打算，只是在等待最合適的時機。榮西在九州的這段時間裏，著作頗豐，以平均一年一部的速度進行撰述。不過，值得注意的是，榮西這一時期的著述仍都是以密宗為中心，尚未涉及到禪宗。

在 1187 年，榮西終於又再次登上了渡海的商船。這次渡海，榮西的本意其實是去印度巡禮佛教圣跡，所以到達中國後，榮西就奔赴杭州，向宋朝廷申請經中國去印度的許可，但得到的回答是宋朝當時已沒有可到達印度的通路。榮西也因此而留在了中國。在知曉去印度無望後，榮西再度登上天台山。而與第一次造訪天台山不同，這一次榮西留在了萬年寺，並追隨虛菴懷敞禪師學習。在此期間，榮西還捐資對天台山的觀音院、智者院進行修葺，並且捐資建立覽眾亭。當 1189 年，懷敞禪師移住到寧波天童山景德禪寺時，榮西也跟從懷敞禪師一道去往天童山，並在天童山又修行了兩年，直到 1191 年秋天才乘船返回日本。第二次入宋的這四年，是榮西關於禪宗思想形成的重要階段，也可視為是他後期作《吃茶養生記》的基礎。禪宗在中國歷史悠久，可上溯至五世紀，後又經過隋唐時期的發展，到南宋時期已經成為中國最主要的佛教宗派。榮西向虛菴懷敞學習禪宗的情形在《元亨釋書》的榮西傳記中有所記載。《元亨釋書》完成於 1322 年，是日本僧人虎關師煉用漢文寫就的，記述自佛教傳入日本直到鐮倉時期的日本佛教史。

據《元亨釋書》所載，榮西不僅學習了禪宗教義，並且也受了被懷敞稱為「禪門一大事也」的菩薩戒。同時，榮西還從懷敞處得到了《禪門大戒之圖》，這都對他回國後傳播禪宗有極大的幫助。[8]

榮西第一次入宋停留時間較短，在那之後的二十年中，也未見其與中國的更多交往。但第二次入宋，不僅停留時間長，而且很明顯地，榮西積極設法在自己回國後依然與宋朝佛寺和僧侶保持聯繫。虛菴懷敞在移住天童山後，他對景德禪寺的一些建築也有重修翻新之意。尤其是宋孝宗在 1178 年賜「太白名山」四字宸翰於景德禪寺，景德禪寺聲名遠播，寺院為了匹配聖恩也需有所擴建。景德禪寺中的千佛閣是寺內最為人稱道的景致，在南宋初年由宏智禪師謀劃興建，到懷敞禪師入主時已約六十年，因歲月日久，甚至都有傾倒之虞，正是可以籍此機會重新改作。不

8　虎關師煉：《元亨釋書》，《國史大系》第 14 卷（東京：經濟雜誌社，1901 年），頁 655－656。

過，要進行如此大規模的工程需要有諸多條件的支撐，而上篇文章中提及的獲取合適的木材這一點，對於懷敞禪師同樣是巨大的難題。榮西聽聞此事，主動向懷敞提議，他說自己在懷敞座下受業多年，早就希冀有回報的機會，而他自己與日本國的當權者關係親近，待自己返回日本後就會發送優良木材以助此功成。

榮西在向懷敞禪師請纓後不久就返回了日本，在離開天童山兩年後，榮西也真的兑現了承諾，「果致百圍之木凡若干，挾大舶泛鯨波而至焉」。寧波當地的著名文人樓鑰應懷敞禪師之邀記錄下了這次重修千佛閣的來龍去脈，他特意描寫了榮西自日本發送來的木材抵達時的盛況，「千夫咸集，浮江蔽河，輦致山中」。景德禪寺在獲得來自日本的木材後很快就開始興建工程，除了日本的木材外，該禪寺還在山中伐取了一些材木補足所需。整項工程共耗時三年，不過在當時已經屬於很有效率。最後完工的千佛閣共高三層，十分雄偉，樓鑰稱「若經行四方，室屋巨麗，殆未見其比也。」而且，樓鑰在描寫建好的千佛閣時，還特意又對其用木進行了強調，記述千佛閣內部構建

「大木交貫，堅致壯密，牢不可拔」。[9]

樓鑰在敍説榮西主動提出承擔獲取木材這一要務時，所用的語句是「吾忝國主近屬」。由於中日當時的上層權力結構有頗大差別，恐怕懷敞禪師與樓鑰對這裏的「國主」究竟為何人也並不很清楚。有學者指出，榮西在第二次入宋前在日本似乎與平氏集團的平賴盛關係密切，《元亨釋書》中也把平賴盛描述為榮西在教外的重要支持、保護者。[10]這裏值得注意的是，在榮西的生涯中，向有權勢者宣傳自己的主張以獲取支持，是他經常採用的傳法並擴大影響的途徑，我們在後文還將多次看到。

榮西第二次入宋再返回日本後，和他前一次返回日本後的行動差別很大。這一次，一抵達九州後，榮西就開始積極傳播禪宗。在 **1191** 到 **1194** 年這三年中，他的足跡遍佈九州從北到南的多個地區，他在多地興建禪宗寺院、推行禪規。據統計，他這段時間在

9　樓鑰：《攻媿集》卷 57〈天童山千佛閣記〉，《叢書集成初編》本，頁 501。

10　多賀宗隼：《榮西》，頁 47。

圖三：如今天童寺經過重修後的千佛塔（作者攝於 2014 年 8 月）

九州倡建的寺院至少有九座。

而另一個十分值得關注之處是，榮西也在這一時期開始了在九州的茶葉種植。榮西選擇的區域是在九州的西北部、位於筑前與肥前兩地交界處的背振山。這裏除了自然條件適宜外，同時還與對榮西入宋有激勵作用的比叡山高僧皇慶頗有關聯。所以，榮西選取此處種茶，也應與此地具有非凡的意義相關。榮西在推行禪宗的同時開始種植茶葉，與茶在禪宗寺院生活中的重要地位有關。茶最初在中國的大範圍流行即得益於佛教僧侶對其的接納，而禪宗把寺院生活也作為修行的重要一部分，茶及其相關的儀式也因此變得更加不可或缺。比如，北宋宗賾禪師所編的《禪苑清規》中即包含對吃茶的規定：「吃茶不得吹茶，不得掉盞，不得呼呻作聲。取放盞橐，不得敲磕。如先放盞者，盤後安之，以次挨排，不得錯亂。」[11] 以正確的、一絲不苟的行止吃茶，也是禪宗日常修行的一環，而榮西此時開始着力在日本種茶，正和他力圖全

11 宗賾著、蘇軍點校：《禪苑清規》（鄭州：中州古籍出版社，2001 年），頁 14。

面移植中國禪宗寺院的生活方式相呼應。

榮西在九州逗留三年後，於 1194 年七月時隔二十餘年重返京都傳法，並且他這次的目標非常明確，就是弘揚禪宗。不過榮西的進京弘法馬上就遇到了極大的阻力，這一阻力主要來自榮西曾經修行過的比叡山。比叡山作為日本佛教界長期的主要勢力及權威，對提倡「教外別傳」、不再重視法華等經典的禪宗抱有極高的敵意。當然，比叡山打壓新興禪宗的背後也是多種勢力對於各項資源的爭奪，不過在 1194 年這個時間點，比叡山在爭奪中佔了上風。就在這一年，「達摩宗」的傳法被勒令停止。雖然榮西一直試圖劃清自己宣揚的禪宗與日本傳統認知裏的「達摩宗」的界線，但他的這一次上京弘法還是就此失敗。他很快又返回九州，並於次年在福岡博多的唐房區域建立了聖福寺，這也是九州現存的榮西所建的禪寺中最大的一所。

同時，為了應對來自比叡山的詰難，榮西在隨後的幾年內完成了他影響力最大的著作《興禪護國論》。這部著述不僅在佛教教義層面回應了天台宗等傳統宗派的質疑，同時也擺明了榮西所致力於傳播的

圖四：如今的福岡聖福寺（作者攝於 2018 年 12 月）

禪宗是站在國家與掌權者一側的立場。在此期間，榮西也得到了來自關鍵人物的支持。1199 年，榮西前往關東，去到日本當時的另一個權力中心鎌倉幕府。在鎌倉期間，榮西受到了極大的歡迎與尊崇。鎌倉幕府開創者源賴朝的遺孀北條政子延請榮西出任她創立的壽福寺的首任住持，並且北條政子及其子、幕府二代將軍源賴家都對榮西提供了慷慨的支援。榮西也因此得以在 1202 年重返京都，以捲土重來之勢在京都再次弘法。

為了支持榮西，源賴家決定在京都五條以北、鴨川以東的區域建造建仁寺，並以榮西作為開山。建仁寺是密宗與禪宗並置的一座寺院，它既衝破了比叡山對禪宗的打壓，也成為了榮西在關西傳播禪宗的一個重要據點。[12] 由於源賴家在宣佈建造建仁寺後的第二年就不幸身故，建仁寺的實際修建工程主要依靠榮西的操辦和第三任幕府將軍、源賴家的弟弟源實朝的支持而完成。榮西與幕府政權的關係貫穿幾代掌權者，

---

12 東京国立博物館編：《栄西と建仁寺》（東京：読売新聞社，2014 年），頁 16—18。

頗為穩固，而這亦成為他可以大規模地在日本多個地區弘法的重要支撐。

此外，另一值得注意的一點是，榮西本人對多所寺院的具體修建過程都有直接參與，所以他對自己的佛教思想的宣傳同時也得以落實到物質載體上。這裏的物質載體，不僅包含寺院建築和佈局，同樣也有寺院生活中不可或缺的器物、乃至儀式與消費品。就建仁寺而言，它的一大標籤就是「茶」。建仁寺直至今日，仍會在榮西誕辰之日舉行特別的點茶儀式，而寺中立有一塊令人矚目的「茶碑」，也時時提醒着來訪者這座寺院的歷史淵源。

三、茶與宋風文化

在建仁寺建立後的數年，榮西還參與主持了東大寺重建的工程，成為日本佛教界舉足輕重的人物。他往來於關西與鎌倉兩地，與幕府政權始終保持了密切的關係。了解榮西的經歷後，再來看他於 1214 年向源實朝進獻《吃茶養生記》一書並獲得源實朝的首肯一事，實在是水到渠成、再自然不過。

如本文開篇所提及，茶早在九世紀時就由遣唐使從中國帶回了日本。比叡山天台宗的祖師最澄，據信就在這一過程中發揮了重要作用。最澄在 804 年在中國的天台山學習時，他的師父之一行滿就負責在佛前奉茶。飲茶習俗初次傳到日本時，當時的嵯峨天皇就很喜歡飲茶，並且留下了數首與茶相關的詩作。如，在《與海公飲茶送帰山一首》中，嵯峨天皇就描述了他與另一位入唐僧空海一起飲茶的情景：「道俗相分經數年，今秋晤語亦良緣。香茶酌罷日雲暮，稽首傷離望雲煙。」但在嵯峨天皇之後，由於日本貴族發展本土文化的意識增強，加上中日官方交流中斷等多種因素的合力影響，茶已基本淡出日本社會生活。所以，在十二三世紀之交，榮西再度提倡飲茶時，不啻於是將茶再度引介入日本。

那麼，榮西是如何在日本再次喚醒人們對飲茶的興趣呢？首先，讓我們來看一下榮西在《吃茶養生記》中是如何宣傳茶的。[13]《吃茶養生記》篇幅不長，

13 榮西：《吃茶養生記》，收於藤田琢司編：《榮西禪師集》，頁605－607。

分為上下卷，上卷《五臟和合門》主要在理論的層面論述茶與養生之間的關聯，下卷《遣除鬼魅門》則落實到具體的配方與針對的病症。榮西指出，人體的健康在於五臟——肝心脾肺腎——的調和，而這五臟中，最為重要的就是心臟：「五臟中心臟為尊王乎。心臟建立之方，吃茶是妙術也。」心臟與吃茶的關聯，則是通過五臟與五味的直接對應而建立的。這裏，榮西引用了《尊勝陀羅尼破地獄儀軌秘鈔》：「一肝臟好酸味，二肺臟好辛味，三心臟好苦味，四脾臟好甘味，五腎臟好鹹味。」由於酸辛甘鹹四味存在於日常飲食中，人們可以經常攝入，但苦味人們在日常幾乎不會自然攝入，所以相比於其他四臟，「心臟恒弱，故恒生病。」榮西給出的攝入苦味以保持心臟健康強壯的方式就是飲茶，並且，榮西以中國的做法為榜樣和説服讀者的依據。榮西將中國與日本的情況進行對比：「但大國吃茶，我國不吃茶。大國人心臟無病且長命不得長病羸瘦乎。我國人心臟有病多長病羸瘦乎。是不吃茶所致也。若人五臟不調心神不快時，必吃茶調心臟除愈萬病矣。心臟快時，諸臟雖有病，不強病也。」

在《吃茶養生記》開篇，榮西就提到自己的知識來源是入宋所得，而目的是為了提供在「末世」解藥：「訪大國之風，示近代治方乎。仍立二門，示末世病相，留贈後昆，共利群生矣。」榮西在文中幾次提到「末世」、「末代」，如「末世時人，骨肉怯弱，如朽木矣」；「茶也，末代養生之仙藥，人倫延齡之妙術也」。這些應是與當時日本「末法時代」的氛圍相呼應，而榮西最初前往中國的理由也是為末法時期的日本佛教注入新的血液。榮西第二次入宋後帶回的禪宗思想確實為日本思想界帶來了新的刺激，而如前文所述，榮西也在第二次從宋朝歸國後獲得了更多的、來自統治階層的支持。

不過，雖然榮西以他的禪宗主張和臨濟宗初祖的身份最為人所知，但一直到《吃茶養生記》這部他最後的著作，其中的密宗思想依然十分明顯。五臟不僅與五味，同時也與五方、五行、五色、五感等一一對應，而且還與曼荼羅五部相對應，這是密宗角度的立場和宇宙觀。所以，儘管榮西為了宣揚禪宗四處奔走、弘法建院，在思想層面上他卻從未摒棄密宗，正如他創立的建仁寺一樣，禪密兼修。這種圓融的取徑可能也是禪宗這一時期得以在日本扎根的重要條件。

這時期茶在日本重新流行起來，也得益於飲茶方式在唐宋之間發生的變化。唐宋各自的煮茶方式都可以通過文字、傳世圖像乃至考古發現進行細緻的復原。我們如今已經知道，在日本今日仍十分流行的茶道，實際上脫胎於宋代的點茶法。在唐代，飲茶是將碾碎的茶葉和少量的鹽放入置於爐上的茶釜中進行熟煮，然後再用勺將茶湯分盛入茶盞中。而這種煮茶方法，可以想見，很難同時與審美休閒的元素相結合。到了宋代，開始流行點茶法，即把團餅茶碾碎、過篩後留置茶碗中待用。煮水的器皿也由鐵鍋茶釜換成長頸、帶蓋的湯瓶。在湯瓶中的水微微沸騰時，便以其沖點碗中的茶末。而為了使茶末與水更好地交融，又發明了一種以細竹製作的工具——茶筅。在有節奏地向茶盞中點水的同時，另一隻手則以茶筅旋轉打擊茶湯，使之泛起湯花。茶湯表面因此會呈現一層極細密的白色泡沫，而泡沫的綿密程度、色澤以及留存時長都會成為品鑒一碗茶優劣的標準。在宋朝，待客、禮佛均用這種點茶方式。[14] 點茶法的流行，也使得很多宋朝文人在品香茗的同時以「鬥茶」為樂，而這種頗有趣味的新式飲茶法，也吸引了日本的各類人士。

榮西第二次入宋歸國的時候，除了經文書籍外，也帶了茶具回到日本。比如，現藏在博多聖福寺的帶有「安」字銘文的一只天目碗，即被認為是由榮西從中國帶回日本的。[15] 日本所稱的天目碗即在福建省北部建窯生產的建盞，因為入宋僧從浙江天目山的寺院中帶回這種類型的茶碗而得名。天目碗的碗體多施以黑釉，與之前流行的青瓷或白瓷茶碗相比，更容易襯托出在點茶時產生的白色湯花。在「鬥茶」時，用天目碗也更容易分辨出誰是優勝者。日本在接受了宋代的「點茶法」後，對天目碗更是另眼相看、十分珍視。如今日本的多個美術館都保存有中國南宋時期的建盞，甚至在十四世紀中葉、南宋已滅亡半個多世紀後，來自日本的海商仍在努力搜尋南宋產的建盞以帶

14 梅維恒（Victor H. Mair）、郝也麟（Erling Hoh）著、高文海譯：《茶的世界史》（香港：商務印書館，2013 年），頁 54－55。

15 福岡市博物館：《栄西と中世博多展》（福岡：福岡市博物館，2010 年），頁 87、174。

回日本。比如，上世紀 70 年代在朝鮮半島西南海域中發現了一艘十四世紀初的沉船，該船後來以發現地而命名為新安沉船。這艘船是由日本出發，在中國寧波結束貿易後、返航日本的過程中不幸沉沒的。從沉船中發掘出了大量文物，包括超過兩萬件瓷器以及約 28 頓銅錢。雖然當時中國已是元代，但這些瓷器中仍有約 40 個宋代建盞。在京都南部的重要寺院東福寺是這次海外貿易的重要參與者，新安沉船上的許多箱子都有木牌註明東福寺是貨物所有人。[16] 所以，十二三世紀之交這一段時間，在榮西的倡導下進行的日本對大陸佛法的輸入，其實際影響的範圍已超出佛教界與思想界。禪宗修行在日常生活中深刻的浸潤程度，促使一系列的宋代文化現象都對日本產生了影響，吃茶即是其中之一。

當時在鎌倉穩固了統治的新興武士階層，在豎立自己權威的過程中，為了應對來自文化資本更加雄厚的貴族群體，幕府的統治者們也在力圖提升自身的修

16 詳情可見沈瓊華編：《大元帆影：韓國新安沉船出水文物精華》（北京：文物出版社，2012），第 23 頁。

圖五：南宋建盞「油滴天目」，十三世紀。高 7.0 cm，口徑 12.6 cm。現藏於九州國立博物館。（圖片來源：Colbase. https://colbase.nich.go.jp/collection_items/kyuhaku/G16.）

養並打造鎌倉的文化氛圍。繼前文所提及的北條政子創建壽福寺並請榮西為開山之外，數個重要的禪寺都相繼在這一段時間於鎌倉建立，並且與中國形成了千絲萬縷的聯繫。比如，後來成為鎌倉五山之首的建長寺，即於 1253 年落成，並由來自中國浙江的渡日高僧蘭溪道隆擔任第一任住持。建長寺仿照宋朝禪寺的佈局建立，而且與此前的禪密兼修的寺院不同，建長寺是專門修習臨濟禪的道場。鎌倉幕府對於宋風文化的欣賞與接納，以及通過支持禪宗來擴展自己在宗教領域的勢力，從建長寺可見一斑。[17]

與榮西引入禪宗和新的吃茶風尚相伴隨，十三世紀的日本社會實際上又迎來了對大陸文化的新一波輸入。大到宋風建築、仿照宋朝形式的寺院佈局，小到茶具、瓷器以及書法繪畫，都又對日本的有形及無形的文化景觀產生了不可忽視的影響。

17　關於建長寺的研究，可參見村井章介編：《東アジアのなかの建長寺》（東京：勉誠出版，2014 年）。

結語

在了解了榮西的生平、特別是兩次入宋經歷後，再回看榮西將飲茶風尚再度引入日本這件事，或許我們可以對中日文化交流的實相以及具體發生的過程產生更切實的認知。首先，榮西成為日本的「茶祖」與臨濟宗的初祖，都是多條歷史線程在發展中相互作用的結果，而遠非一個明確目標的達成。如本文所述，榮西第一次入宋回日本後，尚未開始對禪宗表現出明確興趣，而第二次在宋朝的長期逗留，實際上是經過中國去印度這一計劃失敗的後果。榮西第二次入宋歸國後決意宣揚禪宗，與當時瀰漫在日本佛教界乃至整個社會的「末法」氛圍、以及由大大小小的戰爭帶來的社會動蕩，都有密切的關係。榮西本人之前長年的密宗修行，實際上使得他可以採用一種相對容易被公眾接受的方式推行禪宗，並且在他宣傳茶的妙處時也起到了非常重要的作用。此外，當時新興的鐮倉幕府與武士階層，恰巧正在尋求在宗教領域掌握更大的話語權並展示自身的文化品位，他們的需求與榮西的目標一拍即合。榮西各方面的成功顯然離不開來自幕府的掌權者的支持，而上文提到的博多唐坊及居住在那裏的中國海商，又為榮西的兩次入宋乃至歸國後推行禪宗提供了必不可少的支援。這一時期的中日交流，在脫離了目標明確、程序標準的官方外交框架後，以一種更為靈活、適應多方具體需要的方式，生機勃勃地發展着。

第三章

奈良的石獅與寧波的石匠

日本古都奈良，四季遊人如織。於公元 710 年至 784 年作為日本都城的奈良，以其逾千年的悠久歷史、豐富優美的古跡和親近遊人的小鹿們長期享譽海內外。奈良建都時，適逢日本向中國學習、輸入大陸文化的熱情最為高漲的時期。當時中國正值盛唐之時，無論典章制度、宗教美術、物產器用，無一不是日本朝野上下追捧的對象。早在隋文帝統一中國後，日本已經積極地向中國派遣使節。而唐朝建立後，日本更是定期派遣人數龐大的使節團，跨越鯨波駛向中國，這些使團就是在世界歷史上頗有盛名的「遣唐使」。本章的主角 —— 東大寺，就是在這樣的背景下落成並作為奈良的標誌性建築之一屹立直至今日。

今日造訪奈良的人，從日本鐵路 JR 奈良站出發，步行就可以到達東大寺。一路上正好可以體味奈良的歷史感與城市氛圍。奈良的初始都城設計，從唐長安城多有借鑒。比如，宮殿區域由以往的居於都城之中的設計，依照長安城而搬到了都城的北邊。甚至宮城的南大門、以及由南大門延展出去而將都城一分為二的大路，都直接借用了唐長安城中的名字，分別取名為朱雀門、朱雀大路。奈良的市區街道設計，也仿照長安採用了棋盤格式的「條坊制」。東大寺就位於都城的東北角。當步行前往的參觀者開始見到越來越多前來示好討食的小鹿，那就預示着您即將到達。

生活在現代城市叢林的我們，早已見慣了直入雲霄的鋼筋水泥大廈。但即使這樣，初次到訪東大寺的人也很難不被它的宏偉而打動。如今的東大寺，是幾經戰火、數次重建後的面貌，而最初的東大寺的主體建築與大佛甚至比現在的規模還要宏大。不過幾次浴火重生的東大寺，也依然留存不少可供我們追溯久遠歷史的寶貴線索。這次我們就由東大寺南門的石獅開始我們的追索。

在東大寺高達 25 米的南大門下，靜靜矗立着一對石獅。因為這時到訪者的視線可能已穿過敞開的大門，直接被近 50 米高的大佛殿所吸引，這一對藏在保護網後的石獅或許不會引起很多來訪者的關注。不過實際上，這對石獅的年紀比如今的大佛殿要年長幾百歲，而且，更令人驚歎的是，這對石獅是由渡來日本的宋朝石匠在中國運來的石材上雕琢而成。這是怎麼一回事呢？這些石匠為何東渡到日本，又緣何在如此享有盛名的東大寺留下了作品？石材這樣重的東西，又是在何種條件下得以被從中國運到奈良？

一、梅園石與寧波東錢湖石刻

據史料《東大寺造立供養記》所載，這一對石獅，與現今已不存的殿內力士像及四座天王像，均是來自宋朝的四位石匠的作品，於公元 1196 年完成。記載中還寫到，這幾位石匠來到日本後，發現用這裏的石材雕造石像很困難，所以他們特別申請了從中國運送石材來進行雕刻。很顯然，他們的申請獲得了批准，但跨越重洋運送如此沉重的物品想必所費不貲，而史料也因此特意提了一筆：運費和其他諸項花銷共計超過三千石。[1]

這一對石獅，雖然歷經八百年的風雨，現今我們依然可以清晰地看到它們的各種裝飾細節，線條輪廓依舊十分清楚。石獅的表面看起來也仍然很光滑。不管是石材本身，還是這四位石匠的技藝，放到科技已高度發展的今日，仍足以令人稱讚。花費三千石從中國運抵奈良的這種石材被稱作「梅園石」，在距中國東南沿海的重要港口寧波不遠處就有出產梅園石的採石場。這一對石獅所用的石材也據信是來自那個採石場。[2] 梅園石屬於凝灰質沙岩，因為其質地細膩又硬度適中，被認為是高級石材，多用於重要的建築構件或者石雕中。梅園石的另一特點就是具有紫紅色的特殊色澤，也因此有了獨樹一幟之處。東大寺的這一對石獅，石材的紫紅光澤今日仍可分辨。另據調查，在奈良一帶，較易開採的石材大多材質較鬆軟，應對風化等各種自然侵襲的能力應遠遜於梅園石。而梅園石相

---

1 〈東大寺造立供養記〉，收於塙保己一編：《群書類従》（東京：續群書類従刊行會，1932 年），第 435 冊，頁 107。

2 劉恒武：《寧波古代對外文化交流 —— 以歷史文化遺存為中心》（北京：海洋出版社，2009 年），頁 139－140。

對較硬的質地使得我們在八百年後依然可以欣賞東大寺石獅的許多雕刻細節。

來自宋朝的石匠們對於石材的「挑剔」，其實為我們提供了一些難得的線索，來探尋在十二、十三世紀這段時期內東亞海域上人員、物品、知識乃至技藝的流通。如前文所提及，中國與日本之間的交流在數世紀前就已十分頻繁、興盛，但完整而具體的個案、尤其是單純民間私人層面的往來，仍在各種史料中都很罕見，而我們的了解中也存在很多有待填補的空白。石獅與石匠這一個案，如果深入分析，不僅可以發掘出不少文字史料中未曾記載的情形，還正好與前兩章相互映襯，呈現這一時期東亞海域交流中的更多面向。

以石為材料進行雕刻，在中國有十分悠久的歷史。不論是在墓葬中，還是與宗教、儀式相關的場合，石制的紀念物都不罕見。不過，據考古調查，在日本，石制雕像或者紀念物恰是在十三世紀時才出現了一個大幅增長。[3] 這一時間點恰巧說明，當這一群宋

3 佐藤亞聖：〈石材加工技術の交流〉，收於山川均編：《寧波と宋風石造文化》（東京：汲古書院，2012 年），頁 275。

朝石匠到達日本時，在日本的人對於石雕的所知以及技藝都相對有限。而這一群宋朝石匠，則是經驗豐富的，這也大概是他們在日本東大寺留下作品的重要原因之一。

我們如何得知這些宋朝石匠的情況？一條重要的線索就是由他們在中國的生活、工作地進行推斷。雖然上文提及的《東大寺造立供養記》未有記載，但我們通過這群石匠在東大寺之後留下的其他石造物作品可知，他們來自寧波，即宋時的明州（後稱慶元）。而宋代的寧波，不僅是梅園石的主要產區，同時也是石刻文化高度發展的地區。在今日寧波境內、距離寧波城東約 15 公里的東錢湖區域，聚集了中國最為龐大的一組南宋石刻群。這些石刻大多都是宋代寧波史氏家族墓地的附屬構件，主要是神道兩側的石像生。[4] 寧波史氏家族毫無疑問是南宋最為顯赫的家族之一。其族中出了史浩、史嵩之、史彌遠等幾位權相，另有數位族人位列高官。並且，史氏家族也很重視在

---

4 楊古城、龔國榮：《南宋石雕》（寧波：寧波出版社，2006 年），頁 11、159－162。

寧波當地的經營，積極為地方的一些公眾福利事業捐資出力。[5]

2006 年，以宰相史浩的堂弟、史嵩之的祖父史漸的墓道為中心的南宋石刻公園正式成立開放。一些以前散落於山谷中、不易被參觀者探訪的石刻也被一併移到了石刻公園內。現在參訪者比較容易即可看到大量的南宋石刻遺存。這些來自史氏墓地的石刻，包括文武官員、石馬、石羊等，大多規模巨大。文武官員像有的高達四五米，而石馬石羊等也多大於實物。有研究分析，這些來自史氏墓地的石刻大多用了梅園石，不過另一有趣的點是，在史氏發跡前的一些石刻，可能用了不及梅園石的石材，但隨着史氏家族地位日益顯赫，用的石材也愈發高級。[6]

這些大型石刻的大量存在，正説明了當地擁有一批技藝精湛的石匠。寧波這些與史氏家族相關的石刻，均體現出了很高的雕刻水準。人物及動物的比例

---

5 可參見戴仁柱（Richard L. Davis）著，劉廣豐、惠冬譯：《丞相世家：南宋四明史氏家族研究》（北京：中華書局，2014 年）。

6 Richard L. Davis, "The Shi Tombs at Dongqian Lake," *Journal of Song-Yuan Studies* 26（1996）, pp. 201 – 216.

合理均衡，頗有寫實感。有些石刻甚至對表情都有細緻的呈現。有學者將寧波南宋石刻與東大寺石獅進行過全面的比較，認為兩者間在技法、審美取向等諸多方面都存在一致性。[7] 因此，我們可以進行合理推斷，東渡去東大寺的四位宋朝石匠，與南宋寧波當地的石刻文化也具有緊密的關係。他們想必長期浸潤在石雕製作的環境中。而這些高達四五米的石刻也表明，它們一定是需要石匠們進行團隊協作才可以完成的。在宋代，雖相關材料有限，但我們也大體可知石匠的團隊通常由家庭成員或者同鄉組成。石匠家庭的成員，可能在年幼時就已做一些如清掃、打磨等的簡單工作，並日常都對家族內父兄長輩的工作耳濡目染。目前可見的史料並未提及東渡日本的四位石匠的大致年齡，不過後文將會詳細分析的一則銘文透露，其中一位石匠於 1260 年去世，那麼他來到日本時一定相當的年輕。考慮到當時渡海的艱辛與高風險，或許也是年輕人才願意嘗試踏上這一旅途。

7　劉恒武：《寧波古代對外文化交流 —— 以歷史文化遺存為中心》，頁 140。

那麼，究竟是怎樣的契機使得這四位石匠離開故土，但把家鄉的石材與技藝一起留在了日本的舞臺展示？

二、東大寺與東亞海域世界

這個提供給寧波石匠的舞臺，實際上非比尋常。奈良東大寺從建立伊始，就遠非一座普通的寺院。東大寺由信奉佛教的聖武天皇主持建立。當時的歷史背景還包括：聖武天皇意圖在日本全國建立一個寺院網絡，每一地區都會有一座「國分寺」，全國共 68 座，而東大寺就是統攝所有國分寺的總寺院。

聖武天皇於 741 年頒佈建立國分寺的詔令之後，又陸續頒佈了鑄造東大寺內大佛像的詔令，以及設立監管東大寺建立的機構「造東大寺司」。因為整個工程的目標是鑄造極其宏偉的佛像以及供奉它的佛殿，所以具體的過程也異常地漫長與艱難。大佛的鑄造從動工到完成耗時七年（745-752），而且其實在舉行大佛的開眼儀式時，佛像還有一些最後的細節未及完成，但當時的開眼儀式已被聖武天皇籌畫為一場國際盛事，只能如期舉行。開眼儀式由印度出身的高僧主持，而受邀參加的還有來自包括唐朝的多國的使者。大佛殿的建造在大佛完工後才開始，而直到 758 年才竣工。[8]

東大寺因其建造的歷史背景、在佛教系統中的特殊位置以及自身的恢弘外觀，已成為宗教與世俗權威的雙重象徵。東大寺在最初建造過程中，除了王室的直接支援外，也從民眾中廣泛接受化緣。從百姓直接接受化緣，無論捐助數量多寡，更為重要的是將東大寺與民眾緊密聯繫在一起。而且建寺之時，正值日本經歷大規模瘟疫肆虐，所以選取毗盧舍那佛作為寺中主佛，也有驅散瘟疫、保佑民眾的考量。[9]

具有如此重要意義的東大寺，在 1180 年卻被戰火嚴重損毀。日本的兩大武士集團源氏與平氏，在 1180 年至 1185 年，網羅各自的擁護者，進行了曠日

---

8 香取忠彥著、李道道譯：《奈良大佛 —— 世界最大的鑄造佛》（上海：上海人民出版社，2021 年），頁 74－77。

9 Janet R. Goodwin, *Alms and Vagabonds: Buddhist Temples and Popular Patronage in Medieval Japan* (Honolulu: University of Hawai'i Press, 1994) .

圖六：如今的奈良東大寺大佛殿（作者攝於 2014 年 11 月）

持久的戰爭，戰火也波及日本本島的大部地區。在1180年以奈良地區為中心的作戰中，東大寺及另一所知名寺院興福寺均未能倖免。據稱是平重衡的部下放火引燃了東大寺。東大寺的大佛殿需要完全重建，大佛的頭部不知所蹤，佛像主體也多處需要修補重鑄。

在奈良被嚴重破壞後，當時已位於京都的日本朝廷也很急切地想要重新修復重要的建築，包括佛寺。不過同時，可想而知地，如此大規模的重建需要數量龐大的人力、物力。而日本當時的局勢尚未完全安定，並且在武士階層開始崛起的背景下，日本朝廷在資源的聚集與調度方面也都頗為吃力。當時位於奈良同樣亟需重建的寺院還有就在東大寺旁的興福寺。與東大寺一樣建於八世紀的興福寺，還有另一重身份是朝中當權家族藤原氏的氏寺。所以，在競爭有限的官方資源方面，興福寺勝出。在1181年，即寺院被損毀後第二年，京都朝廷就設立了「造興福寺所」，啟動了興福寺重建的工程。當然，雖然朝廷會提供一定的人員與財物支援，但興福寺本身也要承擔相當一部分的責任。[10]

與之相對地，東大寺的重建就大體上都要依靠自身。東大寺重建工程雖名義上由朝臣藤原行隆主持，但實際負責者是僧人重源。重源會被選任這一位置也是非常耐人尋味的。重源通常被認為是淨土宗的僧人，而淨土宗與之前的天台宗等相比，更面向於普通信眾。信眾不需要精通複雜深奧的經文，也不必準備繁瑣又昂貴的儀式，只要誠意念誦「南無阿彌陀佛」便可以到達西方淨土。可以想見，如此簡單的要求與可觀的回報勢必會吸引大批平民信眾。重源本人也把聯結普通信眾視為重要使命。他的足跡幾乎遍佈日本各地，與各個行業的百姓、乃至處於社會邊緣的賤民都有密切交往。也正緣於此，重源成為了東大寺重建最適合的負責人—他知道去哪裏募集各種專長的工匠，知道去哪裏採伐必要的木材，也知道如何號召平民百姓捐資支援東大寺重建。[11]

10　大河直躬：《番匠》（東京：法政大學出版局，1971 年），頁 3–8。

11　Goodwin, *Alms and Vagabonds*, pp. 78, 90.

與本文最密切相關的就是重源對工匠的募集。很值得注意的一點是，東大寺重建中幾個關鍵的崗位都聘請了來自中國的工匠。重鑄大佛是東大寺復興的首要任務，而這一過程的主導人物也在史書中留下了姓名—他是陳和卿，據稱也是來自寧波，並且與他的弟弟陳佛壽（也有作「陳佛鑄」）一起主持了毗盧舍那大佛的重鑄。陳和卿顯然也是重源得力助手。除了鑄佛之外，他還隨重源一起去了日本的周防山區（今山口縣），挑選合適的木材用於寺院修復。[12] 所以，這時再回看東大寺石獅和製作它們的石匠，就更加有趣。看起來重源延請的宋朝工匠，都集中在了寧波這一區域。不過，若我們把視線放到整個東亞海域，看到寧波在中日間的位置，那麼重源的選擇就很容易理解。

宋朝時的寧波，可謂是中日交往中最重要的港口。寧波的重要性不僅來源於它的地理位置與港口條件，也來源於它的周邊及腹地可提供的經濟、文化資

12 John M. Rosenfield, *Portraits of Chōgen: The Transformation of Buddhist Art in Early Medieval Japan*（Leiden: Brill, 2012）, pp. 35-38.

源。如第二章所提及，寧波擁有南宋最為知名的幾座佛寺。始建於公元三世紀的阿育王寺與公元四世紀的天童寺均位於寧波鄞縣，是日本僧侶朝聖的目的地之一。重源本人就曾在1168年與前文提到的榮西一起到訪過寧波，並參拜了當地的佛寺。而阿育王寺與天童寺，在地理位置上其實非常接近史氏家族墓地。而且阿育王寺與天童寺本身也擁有出自寧波石匠之手的石刻。所以基本可以推定，重源本人對於寧波的石刻文化及石匠們精湛的技藝已有所了解。同時，寧波也是日本從中國輸入佛教藝術的一個主要窗口。寧波的車橋石板巷一帶，聚集着眾多佛畫工坊，而大量佛畫實際上就是以出口到日本為目的進行生產的。現存在日本京都大德寺的一組共五百幅羅漢圖，以及現存在美國大都會博物館及奈良博物館的十王圖，均有明確標識，是由寧波的佛畫師繪製。[13]

由於佛教是經由中國和朝鮮半島傳入日本，自佛教傳入日本初期，日本便視中國為獲取佛教經典與儀

13 奈良国立博物館：《聖地寧波：日本仏教1300年の源流：すべてはここからやって来た》(奈良:奈良国立博物館，2009年)，頁82－83、85－87、114－156。

式儀軌的一個重要來源。不管是前期的遣唐使，還是後續的日本巡禮僧，他們都將大量的佛教典籍與美術品帶回了日本。不過像建築與大型雕塑這類物件，則不似畫卷或者儀式法器等小型物品一般容易搬運。所以，有時日本僧人在參拜中國寺院時會有畫師隨行，記錄下一系列佛像或大型藝術品的樣子，以便回國依樣製作。[14] 而重源的方法則是直接聘請來自中國的工匠，這樣在建築和大型雕塑方面也可以充分吸納中國的元素，並且比起依照圖樣復刻更加「原汁原味」。

重源在東大寺重建中大力推行對「宋風」的吸納，這也成為了東大寺當時的一個重要特點。由於現存東大寺的建築多是後來重建的，可以最好地代表當時風貌的建築就是南大門。現在人們依然對南大門呈現出的「大佛樣」（也被稱作「天竺樣」）津津樂道。所謂「大佛樣」主要體現在一種複合式的托梁斗拱設

---

14 類似情況在日僧圓仁的日記《入唐求法巡禮行記》及成尋的日記《參天台五臺山記》中均有體現。代表研究可參見 Valerie Hansen, “The Devotional Use of Buddhist Art in Ennin’s Diary,” *Orientations* vol. 45, No.3（2014）pp. 76 - 82.

計，由於使用了差肘木，托梁更密而柱子更少。[15] 重源採用宋朝建築樣式重建東大寺，與榮西第二次入宋歸國後着力興建宋風禪宗寺院，在時段上幾乎一致。重源與榮西，如前文所及，曾在到訪中國時相遇，並且榮西後來繼任了重源的東大寺大勸進這一職位。榮西在這時推行的禪宗，與重源修行的淨土宗，都曾在學界討論中被稱為「新佛教」，以區別於之前盛行的密宗等傳統派別。雖然把鎌倉時期興起的佛教稱為「新佛教」的提法存在爭議，但這一時期佛教面向庶民的新發展依然不可否認。[16] 而重源與榮西都從海對岸的宋朝尋求刺激日本佛教發展的新路徑，並在物質載體上呈現，也可謂是異曲同工。

重源的計劃得以順利實施的關鍵一環，即是當時中日之間存在的活躍的海上網絡。正是這個網絡的有序運行，才使得來自宋朝的石匠們甚至可以要求運送

---

15 關於大佛樣的討論，可參見西田紀子：〈重源と大仏様建築〉，收於奈良國立博物館編：《大勧進重源：東大寺の鎌倉復興と新たな美の創出》（奈良：奈良国立博物館，2006 年），頁 23－30。

16 末木文美士著、王頌、杜敬婷譯：《日本思想史》（北京：北京大學出版社，2022 年），頁 61－64。

來自家鄉的石料，在熟悉的材料上進行作業。關於這一海上網絡的形成，本書前兩章已多有闡釋。雖然現存史料中沒有明確記載，但我們依然可以肯定海商們在保證石材順利運抵奈良這一過程中發揮了至關重要的作用。當時活躍在中日之間的海商們大多來自中國東南沿海地區，而在南宋時期他們通常都在寧波登陸。寧波此時在人員、物品與信息流動中的樞紐地位非常明顯。生活在寧波及其周邊的人，會有更多的機會接觸到海外的世界，甚至親身去體驗。而地方水系發達且臨近海港，同樣也是梅園石得以被輸出到日本的必要條件。所以，在奈良東大寺重建中，出現了來自寧波的佛師、石匠與石材，實非偶然。

另外值得一提的是，海商在文化交流中的具體作用因很少會被記錄下來而常常被忽視。比如，當來自寧波的工匠們到達了奈良，重源是如何與他們溝通的，雙方如何在建造什麼樣的佛殿、雕刻什麼樣的石獅方面達成一致？這時長期頻繁往來中日的海商變得更不可或缺。大多數時候，這種翻譯工作都是由海商承擔。若我們再把所謂的「方言」這一要素考慮進來，石匠們同樣來自海商眾多的浙東這一點，使得聯結中日的海上網絡的內在特性與運行機制呈現出更加清晰的樣貌。

三、定居日本的宋朝石匠

離開東大寺向北走僅約 2 公里，就會見到一個小巧精緻的寺院般若寺。在這座寺院裹有一對高約 4.5 米的石笠塔婆。根據上面的石刻銘文，我們可知這一對石塔是一位名叫伊行吉的石匠為紀念他的父親伊行末在 1261 年所立的。這則一共 20 行的銘文開篇便提到，他的父親伊行末來自宋朝的明州，當他剛剛到達日本時，東大寺佛殿的石基已完全被毀。他隨之與陳和卿一起參與了東大寺重建。這短短幾行的銘文，卻成為了我們了解來到日本的宋朝石匠的至關重要的材料。從這段銘文可知，這位後來更名為「伊行末」的石匠，應該就是前文〈東大寺造立供養記〉中四位來自寧波的石匠之一。看起來他在東大寺重建後並沒有返回宋朝，而是留在了奈良地區，繼續以石匠為業，甚至還培養了自己的後代繼續從事這一行業。「伊行末」與「伊行吉」都是頗具日本風格的工匠的名字，而伊行吉得以在奈良地區的寺院裏豎立紀念父親的一對石塔，也顯示了他們父子在當地具有一定的社會地位，想必他們在石匠行業中取得了受到認可的成就。

那麼，來自宋朝的伊行末是如何定居在日本的呢？我們是否能通過拼湊歷史碎片，形成對移居到海外的工匠的一定認識呢？首先，雖然史書中沒有明確提及，但不難想象的是，伊行末和他的寧波同鄉到達日本、投入東大寺的重建工程時，也會面臨種種來自當地工匠的競爭。在十二世紀末，此前日本國內形勢的動蕩也導致了後續各層管理體制的變化。就本文所涉方面而言，直接隸屬於政府機構的工匠數量減少，所以在大型建築工程中，越來越高比例的工匠是以臨時受僱的形式加入，而這些本地工匠之間已存在不小的競爭。如前文所講，當時的工匠大多是以家族或同鄉紐帶形成群體。奈良當地有勢力的工匠家族就曾公開表達對一些官方僱傭機會分配的不滿。[17] 而海外工匠的到來，恐怕還會進一步加劇工匠群體之間的緊張關係。據稱，在聘請陳和卿主持重鑄大佛前，重源

17 大河直躬：《番匠》，頁62－71。

也曾向奈良當地的知名佛像師詢問，但得到的回應是「修復這座大佛需要的技能已超出人類所及」。有學者指出，這樣的回答，與其是真心地認為大佛不可修復，倒不如是為了要求更高的報酬或者為了修復過程中可能出現的紕漏乃至失敗推卸責任。[18] 而來自宋朝工匠的加入，很可能會打亂了一些當地工匠的如意算盤。

在這種背景下，我們再來讀伊行吉為父親豎立的石塔上的這段文字，會發現其更加值得玩味。「來自宋朝明州」與日式新名字「伊行末」應該是這位定居日本六十餘年的宋朝石匠最重要的兩點自我認同，也成為了我們理解他以及其他有相似經歷的人物的兩個關鍵要素。我們無從得知伊行末從何時起開始使用這個新名字，不過選取這個名字顯然會讓他更容易以匠人的身份融入日本社會。「行」與「末」都是當時日本工匠常用的字，而決定用「伊」這個姓氏，或許有

18　塩澤寛樹：《仏師たちの南都復興：鎌倉時代彫刻史を見なおす》（東京：吉川弘文館，2016 年），頁 76－77。

可能與日本名匠豬名真的傳說相關。[19]「豬名真」這個姓氏日語發音的第一個音節即是「伊」。而在有的銘文上，也曾將伊行末寫作「豬行末」。

此外，在距離東大寺約 40 公里的大阪府狹山市，有一座狹山池，據信是日本最早的人工蓄水池，距今已有 1,400 餘年的歷史，長期為附近居民輸送水源。一塊記載了狹山池在 1202 年重修經過的石碑保存至今。據石碑所載，那一次重修即由重源主持，而其中也有三名來自宋朝的石匠參與。[20] 考慮到修葺狹山池這一工程在時空節點上與重建東大寺非常接近，這三名宋朝石匠有很大可能即是雕刻了東大寺石獅的石匠。或許，當時東大寺的工作已經接近尾聲，而這幾位渡海而來的石匠下一步何去何從仍懸而未決。重源便領着他們去探索接觸東大寺以外的日本，而修葺主要為當地居民服務的狹山池，大概也是讓宋朝石匠們體會日本在地生活的一次機會，並且有助於石匠們

---

19 關於日本工匠的名字的討論與豬名真的傳說，可參考大河直躬：《番匠》，頁 82－83。

20 碑文內容可見〈狹山池碑文〉，錄於奈良国立博物館編：《大勧進重源：東大寺の鎌倉復興と新たな美の創出》，頁 131。

開始建立一些地方的紐帶，那也是以後若長期留在日本不可或缺的。

最終這四名宋朝石匠中究竟有幾位留在了日本，我們無從得知。不過至少伊行末後來在日本締造了一段頗為成功職業生涯。據學者們目前的統計，至少有三件現存石刻有銘文明確標出是伊行末所作。其中包括 1240 年在奈良縣宇田市大藏寺的十三層石塔（現殘高 4.17 米）、1253 年在奈良般若寺的另一座十三層石塔（高 12.6 米），以及 1254 年供奉給東大寺的一座高 2.7 米的石燈籠。[21] 這些石刻都集中在奈良及其周邊，可見伊行末大概一生都以奈良為中心生活。這些現存署名為伊行末的石刻，最早的也只是 1240 年，距離東大寺與狹山池有四十年左右的空白。在這段空白期間，伊行末應該也在一直參與各種石雕相關的工作，或許許多作品並不具有紀念碑性質而沒有留下來，又或許伊行末當時資歷尚淺，在團隊合作後並不會留下他的名字。

---

21 更多討論可參見山川均：《石造物が語る中世職能集団》（東京：山川出版社，2006 年），頁 10－15。

伊行末所留下的這些石造物，體積都十分龐大。與寧波東錢湖一帶的石刻一樣，它們毫無疑問也需要數人合力才可完成。伊行末除了訓練培養了自己的兒子伊行吉外，應該還有其他的幫手。他們後來想必也慢慢在奈良周邊找尋到了適合雕造的石材。伊行末留下的兩座石塔都是硬質的花崗岩材質，而據學者研究，在硬質石材上雕刻的技巧與工具也都是在這一時期由宋朝傳入日本的。[22] 伊行末在署名時對自己中國出身的強調，拋除我們無法判斷的懷鄉之情外，大概也是豎立自己的標籤與特性的一種策略，以應對來自其他群體的競爭。而他的策略顯然也是成功的。日本關西地區留存有若干「伊」姓石匠的作品，這個群體後來被稱為「伊派」，也被視為伊行末的傳人。[23]

在 1254 年，東大寺石獅雕造近六十年後，伊行末也步入高齡。他目前傳世的最後一件作品即是他獻給東大寺的石燈籠，現在立於東大寺法華堂前。大概

---

22 佐藤亞聖：〈石材加工技術の交流〉，頁 276－279。

23 詳細研究可參見山川均：《石造物が語る中世職能集団》，頁 63－73、107。

當伊行末經過由自己親手雕造的石刻，回想起他這生長於寧波、終老於奈良的一生，最想紀念的仍是在東大寺敲鑿梅園石的那些日子。

結語

故事講到這裏，我們已經看到了十到十三世紀這段時期，形形色色的、出於種種緣由橫渡中日之間這片海域的人。伴隨他們一起渡海的，有輕如茶葉，有重如石木，還有從佛教到建築各個方面的知識，在抵達海對面後又以物質形象再度呈現。這一海上網絡的形成，使得中日間的歷史在某種程度上具有了聯動性。十二世紀中後期，日本社會發生的變化，在導致日本國內工匠僱用體系轉變的同時，也帶來了中國的工匠移民。而這些工匠移民的到來，一方面依靠着更早一些定居在博多唐坊的海商，另一方面也成為了日本吸收宋風文化的一部分。這些工匠移民，大概與已定居唐坊的海商一樣，既將自己特有的知識、技能甚至人脈關係帶到新的土地，同時也在適應着新的家園。溝通聯結海的兩岸的網絡，也正是這樣形成的。

圖七：在福岡博多灣的志賀島山頂回望福岡，志賀島是由日本前往中國的遠行者們放洋前最後一站。（作者攝於 2018 年 12 月）

第四章

摺扇與東亞海域交流

摺扇，以其精美典雅又輕巧便攜的外形，數個世紀以來，長期受到東西方各個階層的消費者的青睞。在清朝時期，產自中國的「外銷扇」是在歐洲市場很受歡迎的商品，它們也時常出現在同時期歐洲的繪畫、戲劇等藝術作品中。因為中國在製造摺扇上的卓著聲望，可能會有不少人以為摺扇就是源自中國。但實際上，摺扇最初源自日本，並且曾是中國士大夫熱烈追捧、十分渴求的稀有物件。本章就將以小巧的摺扇為中心，重現摺扇是如何從日本傳播到中國，又如何成為了中國可以本土生產的商品。[1] 並且，在這一過程中，中國和日本之間的關係，既影響着當時人對

1 對於摺扇如何在日本被發明又傳入中國，可參見王勇：〈日本摺扇的起源及在中國的仿製〉，收於《中日文化交流史大系．藝術卷》（杭州：浙江人民出版社，1996 年），頁 202－225 。

於摺扇的態度，又有時被文人們借用吟頌摺扇而影射出來。

一、域外珍品：北宋時的日本摺扇

有一位北宋士大夫，曾在筆記中很細緻地記述了他在北宋都城開封與日本摺扇的一次邂逅：

> 熙寧末，余遊相國寺。見賣日本國扇者。琴漆柄，以鴉青紙厚如餅，揲為旋風扇。淡粉畫平遠山水，薄敷以五彩。近岸為寒蘆衰蓼，鷗鷺佇立。景物如八九月間，艤小舟漁人披蓑釣。其上天末隱隱有微雲飛鳥之狀。意思深遠，筆勢精妙，中國之善畫者，或不能也。索價絕高。余時苦貧，無以置之，每以為恨。其後再訪都市不復有矣。[2]

2　江少虞：《新雕皇朝類苑》（重慶：西南師範大學出版社，2011年），卷60，頁11a－b。

這一段記述非常生動有趣。這位北宋士大夫很顯然為這柄日本製作的摺扇而吸引。他詳細描述了摺扇的樣貌，包括精緻的琴漆柄，以及扇面展開後呈現出的美妙畫卷。扇子本身在中國不是稀有的物件，據信團扇就是由中國傳入日本的。但是很顯然，摺疊扇在十一世紀的中國仍十分罕見，以至於這位士大夫覺得有必要記錄下這次邂逅。並且，正因為摺扇當時的稀缺性，這柄扇子「索價絕高」，超出了一名普通文人的購買能力，所以這位士大夫只能遺憾離去。但他明顯對這柄難得一見的日本摺扇念念不忘，日後再在都市中遇到市集都會留意找尋，可惜未再碰到。而這也恰恰又證明了摺扇在當時的稀少。另外值得一提的是，這名士大夫毫不吝惜對這件日本手工藝品的褒揚，甚至認為這一摺扇的畫面所體現的畫技，即使當時北宋的「善畫者」也未必能達到。

在十到十一世紀這一時期，產自日本的摺扇以其精美與稀有，可以作為貴重的禮品直接進獻給宋朝的皇帝。日僧奝然（938—1016）曾於公元 983 到 986 年間到宋朝求法並巡禮佛教聖地。雖然當時中國與日本之間的官方外交已中斷一個多世紀，但奝然在宋朝受到了熱情的接待。當時的皇帝宋太宗接見了他，並慷慨頒賜了宋朝剛完成雕印不久的整套《大藏經》給奝然，還為他參拜五台山的沿途提供便利。奝然返回日本之後，寫了一封飽含敬意與感激的信給宋太宗，在信中稱：「奝然空辭鳳凰之窟，更還螻蟻之封，在彼在斯，只仰皇德之盛，越山越海，敢忘帝念之深，縱粉百年之身，何報一日之惠。」[3] 在公元 988 年，奝然派自己的弟子嘉因帶着這封信以及許多貴重物品來到宋朝，進獻給宋太宗。在這些禮物中，就包括一盒金銀蒔繪扇箱，其中裝有二十柄檜扇和兩柄蝙蝠扇。[4]

這段《宋史》中的記載，是日本的摺扇在中國出現最早的文字記錄之一。這裏的「檜扇」和「蝙蝠扇」是兩種不同的摺疊扇。檜扇是一種由二十至三十五片檜木在一端連綴而成的木扇，而蝙蝠扇則應是如前文所描述的那種紙摺扇。在日本的平安時期，檜扇是貴族的着裝的一部分，並且通常認為，只有檜扇才可適

---

3 脱脱等：《宋史》（北京：中華書局，1977 年），卷 491，頁 14135－14136。

4 《宋史》，卷 491，頁 14138。

用於正式場合。比如，在公元 1015 年時，一名日本貴族在盛夏時節出席葬禮，隨身攜帶了一柄紙摺扇，這一行為就被當時人所批評，認為極為不得體。直到十四世紀，才有日本宮廷貴族寫到在夏季用紙摺扇是可被允許的，但如果正式着裝時，無論季節，依然要用檜扇。[5]

從奝然進獻給宋太宗的禮物同樣可見，檜扇和紙摺扇的比例達到十比一，大概因為奝然也認為檜扇才是更適合進呈給皇帝的禮物，而紙摺扇或許作為一種更新奇的物件而附上。目前日本所藏的平安時期的摺扇，幾乎都是檜扇，而所藏的紙摺扇，基本都是十五世紀之後製成的。當然，保存木製品與紙製品的難度本身即有所不同，但如此懸殊的存世比例也可以在相當程度上反映檜扇與紙摺扇在不同時期的製作情況以及受到重視的程度。紙摺扇的生產製作很可能是在相對較晚的時期才進入興盛，或許在十五世紀左右。

---

5 宮島新一：《扇面畫（中世編）》（東京：資文堂，1993 年），頁 64－65 。

前文提到的北宋士大夫在開封見到的摺扇，顯然是一把紙摺扇。雖然在同時期的日本，紙摺扇被認為是不夠莊重的配件，但在中國卻足以成為受到文人追捧的奢侈品。這一時期，更為貴重的檜扇恐怕都不會出現在中國的市場上公開售賣。在中國和日本官方外交中止的這一時期，中國的士大夫們也通過另一渠道獲得日本摺扇，即經由朝鮮半島的外交渠道。

郭若虛是一名活躍在北宋時期的藝術鑒賞家，他在其知名作品《圖畫見聞誌》中就曾提到，每次朝鮮半島的高麗朝廷派遣使節到中國來的時候，有些使節就會攜帶摺扇來私下售賣。這種使節私自攜帶貨品販賣的行為，在許多歷史時期都頗為普遍，由於這也是對使節出使的一種補貼和激勵，所以是被默許接受的。郭若虛寫到這些高麗使節帶來的摺扇，因為源自倭國，所以就被稱為「倭扇」。這裏明確指出了這些摺扇本來的製作地就是日本。郭若虛還同時詳細描繪了一種扇面：「其扇用鴉青紙為之，上畫本國豪貴，雜以婦人、鞍馬，或臨水為金砂灘，暨蓮荷花木水禽之類，點綴精巧。又以銀坔為雲氣月色之狀，極可愛。」[6]

在公元 1123 年出使到高麗的宋朝使節徐兢，也在他撰寫的出使記錄《宣和奉使高麗圖經》中記述了他在朝鮮半島見到的摺扇。徐兢描述的摺扇樣貌和郭若虛記載的極為相似，也提到了摺扇上有「金銀塗飾，復繪其國山林、人馬、女子之形」。同時，徐兢也特別提到，高麗的人也說這些摺扇是在日本製作的。徐兢補充了一句，看到高麗人贈送給他們的其他衣裝、禮物，他相信這些摺扇來自日本。[7] 言語間暗示，製作這些摺扇需要較高水平的工藝，大概超過了高麗其他的手工藝品體現出的水平。

不過，當時高麗也有製作一種特別的扇子，並且與日本摺扇相類，這種高麗產的扇子同樣受到了北宋士大夫的關注。這種高麗特產的扇子叫做「松扇」，徐兢在他的出使筆記中也有特別記述：「松扇，取松之柔條，細削成縷，搥壓成綫，而後織成。上有花

6　郭若虛：《圖畫見聞誌》（長沙：湖南美術出版社，2000 年），卷 6，頁 254。

7　徐兢：《宣和奉使高麗圖經》（《叢書集成》本），卷 29，頁 103。

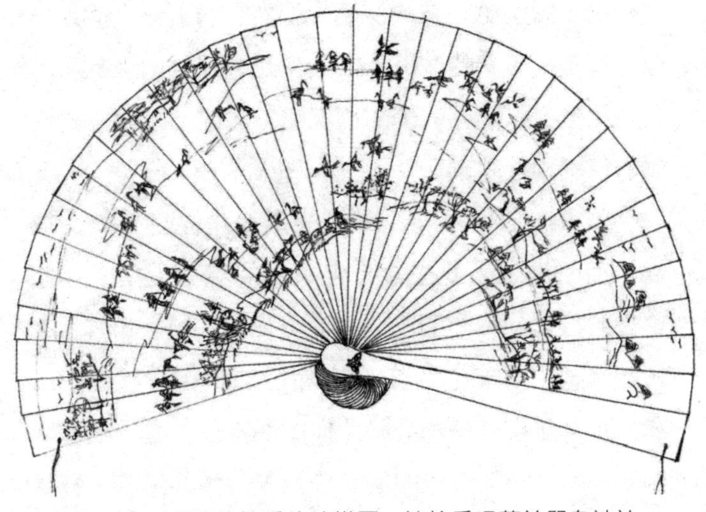

圖八：十二世紀的檜扇的線描圖。該檜扇現藏於嚴島神社。
扇面上的景物畫十分貼近於北宋文人記載。

文。」這種扇子是通過對松樹柔嫩枝條的反復加工獲得的纖維而織造而成，並且扇面上也有花紋圖案。據徐兢所述，高麗王府把他們所製作的最精致的松扇當做禮物，贈送給外來的使節。因為它們與日本摺扇一樣，都是稀有獨特並與士大夫生活相稱的舶來品，本文在此也對松扇在北宋的情況略作討論，以與日本摺扇的情況相互映襯。

北宋時期獲得高麗松扇的重要途徑也是外交渠道，而松扇也因此成為士大夫之間用於交換的非常珍貴的禮物。吳越國王室後裔錢勰（1034—1097）在1079 年作為宋朝使節前往高麗，他也帶回了幾柄高麗松扇，並作為禮物分贈給他的朋友們。這幾柄高麗松扇一時間成為了他的朋友們熱衷討論的話題。蘇軾的重要追隨者張耒（1054—1114）就寫了一首〈謝錢穆父惠高麗扇〉：

三韓使者文章公，東夷守臣親掃宮。
清嚴不受橐中獻，萬里歸來兩松扇，
六月長安汗如洗，豈意落我懷袖裏。

中州翦就霜雪紈，千年淳風古箕子。[8]

而蘇軾（1037—1101）和黃庭堅（1045—1105），雖然沒有得到相似的禮物，但一樣對松扇展示出了極大的興趣，並都作詩與張耒唱和。蘇軾所作的〈和張耒高麗松扇〉就十分有趣：

可憐堂堂十八公，老死不入明光宮。
萬牛不來難自獻，裁作團團手中扇。
屈身蒙垢君一洗，掛名君家詩集裏。
猶勝漢宮悲婕妤，網蟲不見乘鸞子。[9]

這首詩中，蘇軾把松樹擬人化，稱其為「十八公」，並提到直到松樹被做成了扇子，才得到了應有的重視與關注。他還把高麗松扇與普通的團扇相對比，認為松扇的命運多少還是好一些，不似團扇，只

---

8 張耒：《張右史文集》（台北：台灣商務印書館，1965 年），卷 12，頁 105。

9 蘇軾著、王十朋註：《東坡詩集註》（《文淵閣四庫全書》本），卷 30，頁 19b－20a。

能留在不受寵的嬪妃的屋中掛滿了蛛網。

同樣與蘇軾、黃庭堅為友的孔武仲（1042—1097）最開始沒有得到錢勰贈送的高麗扇，但他似乎對這種外域之扇特別鐘情，所以特意寫詩去求扇子，並在詩中對錢勰出使的事跡大加讚揚。

巨鼇昂頭鯨掉尾，東顧滄溟天接水。
錢公涉險如通渠，破帆一抹三千里。
島夷之國遠且偏，歸來逢人語輒喜。
大荒茫茫最宜松，直從曠野連深宮。
聽聲臥影已不俗，況作團扇搖清風。
人情重遠由來事，不貴黃金貴楛矢。
況有新詩傳四方，群豪追隨弄薦章。
我雖相見無所得，坐憶松鶴生微涼。
錢公治跡壓張趙，偷兒破膽皆摧藏。
桴鼓不鳴已三月，凜凜霜威破殘熱。
從公覓扇更覓詩，願報瓊瑤無已時。[10]

10 孔文仲、孔武仲、孔平仲：《清江三孔集》（《文淵閣四庫全書》本），卷6，頁1a—b。

最終，孔武仲應該是得到了他夢寐以求的高麗松扇，因為他又寫了一首詩感謝錢勰贈予他高麗扇，並且還提到自己又用了一張「闊似棋枰淨如水」、相傳在「蠻奴赤腳踏溪流」之地造成的「梅州大紙」作為回禮。

而對於有幸得到真正的日本摺扇的北宋文人，當然更不會錯過記錄它的機會。比如蘇軾的弟弟蘇轍(1037—1101)，就專門寫了一首頗具趣味的吟誦日本扇的詩：

扇從日本來，風非日本風。
風非扇中出，問風本何從。
風亦不自知，當復問大空。
空若是風穴，既自與物同。
同物豈空性，是物非風宗。
但執日本扇，風來自無窮。[11]

在北宋時期，來自日本的摺扇初入文人士大夫們

11 蘇轍：《欒城集》，卷32，頁321。

的視野，就得到了頗高的關注。所以我們見到有人對於錯失了一柄昂貴的摺扇而無盡惋惜，也見到藝術鑒賞家與出使的使節都詳細描繪了扇面的精細圖案。雖然紙摺扇在這一時期不如檜扇珍貴，但大抵由於紙扇的形制與裝飾都很符合文人的審美趣味，它們在士大夫筆下獲得了一席之地。並且，也由於中國士人們對摺扇的高度興趣，中國本土的摺扇製作工藝也在下一歷史階段逐漸發展起來。

二、本土化生產的開始：南宋與元朝時的日本摺扇

公元 1127 年，在都城開封陷落後，宋廷被迫南遷。雖然宋廷最終都未能恢復北方疆域，但在南宋時期，特別是以宋廷所在地臨安（今杭州）為中心的江南區域，手工業和商業都得到了顯著的發展。在北宋時期難得一見的摺扇到南宋時期已更容易從市場上購得，並且中國的手工藝者此時也開始製作摺扇。

活躍在南宋初期的文人鄧椿追隨前文提到的藝術鑒賞家郭若虛，也寫了一部關於當時的畫作的專書，

並起名為《畫繼》。可能因為當時可見的來自海外的畫作頗為稀少，鄧椿在書中對摺扇也進行了細緻的描寫。鄧椿既提到如檜扇一般的木製摺扇，也提到了紙摺扇。他在「倭扇」這條下描述的就是木摺扇：「倭扇，以松板兩指許砌疊，亦如折疊扇者。其柄以銅臘錢環子、黃絲條，甚精妙，板上罨畫山川人物、松竹花草，亦可喜。」[12]

鄧椿對紙摺扇的記敍更值得特別關注，因為他在描述中透露了重要信息，即中國在當時也開始生產紙摺扇。《畫繼》有載：

> 又有用紙而以琴光竹為柄，如市井中所制摺疊扇者。但精緻非中國可及，展之廣尺三四，合之止兩指許。所畫多作士女乘車、跨馬、踏青、拾翠之狀，又以金銀屑飾地面。及作星漢、星月、人物，粗有形似，以其來遠，磨擦故也。其所染青綠奇甚，與中國不同，專以空青、海綠為

12　鄧椿：《畫繼》，卷10，頁424。

> 之。近年所作，尤為精巧，亦有以絹素為團扇，特柄長數尺為異耳。山谷題之云：「會稽內史三韓扇，分送黃門畫省中。海外人煙來眼界，全勝博物註魚蟲。蘋汀遊女能騎馬，傳道蛾眉畫不如。寶扇真成集陣隼，史臣今得殺青書。」[13]

這一段文字值得探討之處很多。首先，鄧椿描述的扇面畫與上一節郭若虛和徐兢提到的畫作有高度的相似性，包括對於金銀色飾的運用、畫作以景色、車馬、士女作為主要內容等。第二點則是，鄧椿其實此時將這類紙摺扇誤認為是在朝鮮半島所作。他的這段記述接續在「高麗松扇」後，並且引用了北宋黃庭堅的詩作以為輔助。這點誤解在當時常有發生，很大程度上就是緣於日本摺扇在北宋時期經常通過朝鮮半島輸入中國，使得人們把它的產地與入華途徑相混淆。不過這也從側面說明，在那段時期，朝鮮半島在紙摺扇流傳中起到的關鍵樞紐作用。

---

13 鄧椿：《畫繼》，卷 10，頁 424。

此外，也是至關重要的一點，就是鄧椿明確提到當時市井中已經有售賣中國製的紙摺扇了，只是那時中國所產的紙摺扇在精緻程度上尚無法與海外所產的摺扇相提並論。鄧椿的記述也在其他南宋史料中得到印證。有關南宋時期杭州的重要文獻《夢粱錄》列出了杭州商業區上百家店舖的名稱，當時售賣藥品、服裝、飾品甚至針線都有專門的商舖。而這些店舖中，扇子舖就有三家，分別是炭橋河下青篦扇子舖、陳家畫團扇舖、以及周家摺疊扇舖。[14] 這三家扇子舖各有所長，而周家則是專門售賣摺扇的店家。這種情況與北宋時期已大相徑庭，當時那位北宋文人，錯過一次機會便再遍尋不得，而在南宋的杭州已有固定的專門店舖售賣摺扇。專門店舖的出現也說明，南宋時的杭州已有了穩定的、有相當數量的顧客可以負擔得起的摺扇貨源，這基本是要靠中國本土可以生產摺扇才能實現的。當然，這家摺疊扇舖也非常可能同時售賣本地產摺扇與進口的日本摺扇。

---

14 吳自牧：《夢粱錄》（杭州：浙江人民出版社，1980 年），卷 13，頁 117。

一條十三世紀初的記載進一步説明了南宋時期人們對於摺扇的消費熱情。宋人趙彥衛在筆記《雲麓漫鈔》中寫道：「宋人用摺疊扇，以蒸竹為骨，夾以綾羅。貴家或象牙為骨，飾以金銀。蓋出於高麗。」[15]這裏趙彥衛與鄧椿一樣，也誤以為摺扇源自於朝鮮半島，可見這種説法流傳之廣。趙彥衛的記錄反映出南宋時出現的有趣現象，即當時中國本土的摺扇製作已為了迎合有卓越財力的消費者，開始有所創新，用價格更高昂的材料訂製及裝飾摺扇。在北宋時期，摺扇本身就是一件因其價格和稀有度可以篩選消費者的奢侈品，而到了南宋時期，有實力的消費者希望對摺扇進行訂製升級，以彰顯自己的特別。這一點變化，恰恰折射出在這一百多年間摺扇從進口到製作等方面出現的進展。

雖然在南宋時，中國已開始在本土生產、製作、售賣摺扇，但對於日本摺扇的進口也在持續進行着。到了元朝，這種情況依然延續，並仍是文人筆下的話

15　趙彥衛：《雲麓漫鈔》（北京：中華書局，1996 年），卷四，頁 68。

題。元代文人貢性之就曾寫過題為〈倭扇〉的詩作：

外番巧藝奪天工，筆底丹青智莫窮。
好似越裳供翡翠，也從中國被仁風。[16]

這首詩雖短，但值得玩味之處也很多。首先，貢性之對日本摺扇展現出來的精湛工藝也是不吝讚美之詞。但他對於日本摺扇來到中國的途徑的闡發，卻是進行了刻意曲解的。這裏「好似越裳供翡翠」一句，大概是想借用古書裏提到的越裳國派使者向周成王進貢白雉的傳説，來比擬日本與中國當時的關係。[17]「也從中國被仁風」一句，巧妙地運用了「風」這個意象，因為扇子的主要功能即是產生風。而「仁風」則再度強化了前文「越裳供翡翠」這個具有文化等級感的朝貢語境。

有元一代，中國與日本之間都未曾建立朝貢關係。在元朝建立之初，忽必烈曾兩次發動攻打日本的

---

16 貢性之：《南湖集》（《文淵閣四庫全書》本），卷 2，頁 30a。
17 《尚書大傳》（《叢書集成》本），卷 2，頁 86－87。

戰役，但均以失敗告終。日本也並未與元朝建立官方外交關係，不過兩國之間的貿易往來仍然在絕大部分時間順利進行。海商們把諸如陶瓷、銅錢、香藥等貨品從中國運到日本，再把和紙、絲、水銀等從日本販賣到中國。摺扇也在日本販運到中國的貨品之列。因此，即使貢性之在他的詩作中着力營造日本在向中國進貢的氛圍，他詩中的摺扇也只是中日民間貿易中的商品，而非官方朝貢下的貢品。

但並非所有的元代士人都對中日之間的關係進行曲解。另一名元代士大夫吳萊（1297—1340）同樣寫了一首以日本摺扇為主題的〈東夷倭人小折迭畫扇子歌〉。整首詩篇幅較長，在此僅截取前半部分進行分析：

東夷小扇來東溟，粉箋折迭類鳳翎。
微飆出入揮不停，素繪巧艷含光熒。
銀泥蚌淚移杳冥，錦屏罨畫散紅青。
皓月半割蟾蜍靈，紫雲暗惹鮫魚腥。
徐市子孫附飛舲，奝然家世雜梵經。
文身戴弁舊儀形，對馬絕景兩浮萍。

殊方異物須陳廷，富賈巨舶窺天星。[18]

如其他對日本摺扇的記載一樣，吳萊也不惜筆墨描寫摺扇的精巧形製。之後，他開始切入中國和日本長期的歷史交往，從時代遙遠的徐市（也作徐福）說到較近的奝然。早在《史記》中就有關於徐福東渡的記載。在秦始皇時，徐福率領童男童女數千人入海求仙，後又攜帶了谷種、百工，最後到達「平原廣澤」，便決定停留不歸。後來這段傳說經過不斷闡發，徐福到達定居之地被明確指為是日本。吳萊詩中的「徐市子孫」應是用以指代前來中國的日本人，但這一寫法顯然旨在強化中日間長期以來的歷史交往與聯結。而提到奝然，可能就是由於我們在本章開篇提到的、他曾向宋太宗進呈摺扇作為禮物一事。吳萊詩中很重要的一句即為「富賈巨舶窺天星」。很顯然地，他知道將摺扇以及其他物品從日本運送到中國的這群人的身份是海商，而且他在詩作中也很坦然地承認這一點。

---

18 吳萊：《淵穎集》（《文淵閣四庫全書》本）；卷 2，頁 30a。

吳萊的詩作中這種更貼近現實的描述並非偶然。吳萊本身就對中日關係有着過人的清醒認識。大約在公元 1315 年左右，當元朝廷又在討論是否要再次出兵攻打日本時，吳萊寫了一篇題為〈論倭〉的文章，並且該文觀點得到了很多士大夫的支持。吳萊認為，與其出兵，元朝廷不如就許可日本人來進行貿易活動。因為日本人想要獲利，那麼他們自然而然地會來到中國並且在中國表現得體。[19]

整個元朝期間，日本和中國的關係比較接近於吳萊的構想。元朝未曾再對日本出兵，又在大多數情況下都允許了來自日本的商船靠岸貿易，只要這些商船可以證明他們是誠心來做生意的。[20] 在這種背景下，日本摺扇可以直接作為商品進入中國流通，而中國對摺扇的本土生產也有了起色。但這些都沒有妨礙文人們借用摺扇來抒發自己的觀點。然而，當元朝被明朝取代後，中日關係面臨着新的挑戰，而摺扇在新的歷

19　吳萊：《淵穎集》，卷 6，頁 1a－6b。

20　榎本涉：《東アジア海域と日中交流》（東京：吉川弘文館，2007 年），頁 106－107。

史背景下又被賦予了新的意義。

三、無用之貢物：明初的日本摺扇

朱元璋（1328—1398）於 1368 年正式建立明王朝後不久，就派外交使節前往東南亞和日本宣告新王朝的成立，並邀請對方派遣朝貢使團。不過明王朝的建立恰逢日本的政治狀況也頗為複雜。當時日本正是位於京都的北朝與位於奈良吉野的南朝並立之時，所以朱元璋沒有及時得到來自日本的回應。當朱元璋於 1370 年再次派遣使節要求朝貢後，南朝的懷良親王（也作「良懷親王」）在 1371 年派使團進呈了一些日本土產給朱元璋，朱元璋回贈了一些高級絲織品與一部大明曆。朱元璋與懷良親王的外交往來，比之前唐朝中日在朝貢關係下的物品交換要簡陋得多。現存記載中也未曾見到懷良親王在任何文件中使用明朝的年號。不過，在經濟利益的驅動下，懷良親王還是在 1376、1379 等年份都派遣了使團去明朝，而許多日本摺扇也通過這種方式輸入到了中國。

洪武皇帝朱元璋把一些日本摺扇分賜給群臣，

而這些摺扇也由此出現在明初許多士大夫的筆下。比如，以詩文和書法知名的明初士人張羽（1333—1385）就寫了至少四首關於收到皇帝賜扇的詩。[21] 其中一首〈倭扇〉是這樣寫的：

萬國扶桑外，年年貢扇來。
皇都無酷暑，賜與拂塵埃。[22]

另有一首篇幅較長的〈賜倭扇〉，後半部分尤為值得關注：

尚方受貢應無用，分頒遍與群臣共。
朝下從容冰井臺，人人襟袖南薰動。
倭扇來東夷，平揚皇風四海清。[23]

---

21 張羽：《靜居集》（北京：書目文獻出版社，1988 年），卷 1，頁 52a；卷 3，頁 11b；卷 6，頁 4b；卷 6，頁 24b。

22 張羽：《靜居集》，卷 6，頁 4b。

23 張羽：《靜居集》，卷 3，頁 11b。

張羽這兩首詠「倭扇」的詩對於扇子本身的描述與之前相比，顯得比較簡略。這可能因為到了這一時期，士大夫們對摺扇都已比較熟悉。不過在第二首詩中仍用「人人襟袖南薰動」點出了摺扇小巧、便於攜帶收藏的特質。這兩首詩的有趣之處在於，它們呈現了明初對於日本摺扇的一點之前未曾見到的看法，即「無用」。第一首詩特意寫「皇都無酷暑」，暗示摺扇用來扇風的基本功能並無用武之地，所以即使收到賜扇的群臣也只能勉強用扇子來「拂塵埃」。而第二首更明確寫出「尚方受貢應無用」，所以才分賜群臣。但為了突出「無用」這一點，似乎張羽也在一定程度上忽視了現實。當時的「皇都」還在當今的南京，着實很難讓人相信「皇都無酷暑」。張羽的描寫，與北宋張耒筆下「六月長安汗如洗，豈意落我懷袖裏」對扇子的讚美形成了鮮明的對比，也顯示出扇子這一物件，如何在不同的時代、不同的場合被賦予不同的意義。而刻意渲染日本摺扇的「無用」，其實是朝貢關係語境下一種較為常見的表述。士大夫用此種書寫來塑造中國在朝貢中並不需要來自其他國家的任何物品的慷慨形象。而張羽在第二首詩結尾的那句「平揚皇風四海清」使我們聯想到之前元代文人貢性之的詩中，也把「扇」與「風」相關聯。與貢性之相比，張羽這句詩對於建立以中國為中心的朝貢關係的意味更加直接、明確。

雖然張羽詩中明顯地把摺扇作為朝貢品，但明朝和南朝的懷良親王也並未締結真正意義上的朝貢關係。事實上，朱元璋「平揚皇風四海清」的計劃在日本這裏施行得並不順利。前文已經提及，懷良親王派遣到明朝的使團主要受經濟利益驅動，並沒有遵循朝貢禮節。在 1380 年，朱元璋因為來自日本的使團沒有攜帶正確的文書而拒絕了該使團。到 1386 年，又以指稱明州衛指揮林賢私通倭人謀逆，徹底斷絕了與日本的官方往來。而在明朝初年，中國東南沿海長期受到所謂「倭寇」的侵擾，也在不斷加劇中日之間的緊張關係。所以，對於洪武皇帝朱元璋而言，產自日本的摺扇又帶有了另一層含義。朱元璋也專門寫了一首題為〈倭扇行〉的詩作：

滄溟之中有奇甸，人風俗禮奇尚扇。
卷舒非矩亦非規，列陣健兒首按獻。

國王無道民為賊，擾害生靈神鬼怨。
觀天坐井亦何知，斷發斑衣以為便。
浮辭嘗雲卉服多，捕賊觀來王無辨。
王無辨，褶袴籠松誠難驗。
君臣跣足語蛙鳴，肆志跳樑幹天憲。
今知一揮掌握中，異日倭奴必此變。[24]

朱元璋在這首詩中也對摺扇的形製與特點進行了着重描寫，並且他把這種特殊的形製與倭寇的現狀、乃至日本的習俗相聯繫。開篇他就通過稱日本人「尚扇」而把日本與摺扇緊密地連在一起。接下來「卷舒非矩亦非規」這句非常有趣：洪武皇帝既寫出了摺扇的特性，即可以「卷」也可以「舒」；同時，他也通過摺扇本身非方非圓的形狀，來暗示日本沒有「規矩」。在接下來的語句中，朱元璋從多個側面來描寫日本如何沒有規矩，包括日本的服飾、髮型、鞋子、

24　朱元璋：《明太祖文集》（上海：上海古籍出版社，1991年），卷19，頁221。

乃至語言，都成為了洪武皇帝批評、譏諷的對象。但日本罔顧的最重要的規矩，還是沒有懷着尊敬之心向大明朝貢。文中「國王無道民為賊」這一句，就明確點出，日本的統治者沒有遵循「道」，而日本的民眾也因此淪為倭寇。朱元璋也花了頗多筆墨來批評日本內部缺乏一種等級秩序與觀念，即從服飾上都無法辨別哪一位是「王」。這些描述最根本的用意仍是在譴責日本沒有對倭寇氾濫的情況進行規管、並且沒有按「規矩」加入以中國為中心的、具有等級的朝貢秩序中。洪武皇帝在結尾的這一句「今知一揮掌握中」十分巧妙，可以看作是結合了摺扇特點的一句雙關。簡單「一揮」便可以入「掌握」，這是摺扇卷舒自如的特性，而朱元璋也藉此以暗示自己可以不付吹灰之力就使日本臣服。

洪武皇帝的豪言並未能在他在位時期實現。但在那之後不久，永樂皇帝朱棣（1360—1424）成功地正式使日本回歸到中國的朝貢體係中。在 1403 年，日本當時的實際掌權者、足利幕府第三代將軍足利義滿（1358—1408）接受了永樂皇帝所賜的「日本國王」這一稱號，並派遣了超過三百人的大規模使團到明朝進行朝貢貿易。[25] 這時，距離上一次日本正式派遣朝貢使團到中國，已經過去了將近六百年。

摺扇自明朝與足利幕府開展朝貢貿易之始，就在日本輸出到中國的貨品中。比如，1403 年這一次的朝貢品就包括「生馬二十匹、硫磺一萬斤、馬腦大小三十二塊計二百斤、金屏風三副、槍一千柄、太刀一百把、鎧一領並匣、硯一面並匣、扇一百把」。[26] 在朝貢貿易中，通常中國回贈朝貢國的物品價值會更高，以使得朝貢貿易對朝貢國而言是有利可圖的。目前在史料中尚未見到明朝對 1403 年這次朝貢品的完整回贈品清單，不過對於隨後 1405 年足利義滿再次派來的使節的回贈有所記錄，或可作為參考。永樂皇帝對 1405 年日本朝貢的回禮包括：五百串銅錢、五千張寶鈔（總價值 750—1,000 串銅錢）、378 匹上等織物以及一件朝服。1406 年永樂皇帝又再次回禮，包括：白金千兩、織金彩色幣二百、綺繡衣六十件、銀茶壺三、銀盆四，及綺繡紗帳衾褥枕席諸物並海船

25 瑞溪周鳳：《善鄰國寶記》（東京：集英社，1995 年），頁 112。
26 瑞溪周鳳：《善鄰國寶記》，頁 112。

二隻。[27]

在切實的經濟利益面前，足利幕府一度頗為積極地派遣朝貢使團來中國，而摺扇也持續出現在貢品清單中。比如，1433 年的日本朝貢使團帶來了 2,200 把扇子，1453 年是 250 把，1468 年是 380 把。[28]

同時，日本摺扇在明朝流通的方式並不僅僅是作為朝貢品獻給朝廷。與北宋時來到中國的高麗使節們一樣，日本的使團成員也會私人攜帶商品到中國售賣以獲利。而摺扇因為其體積小、重量輕、價值高，成為了使團成員樂於攜帶的商品。明代的寧波方志中，就在進口自日本的商品條目下列出了許多不同種類的摺扇，包括金地摺扇、銀地摺扇、畫金彩扇等等。[29]另有明代的筆記也提到了一則軼事，一位名為湯四五郎的日本人，隨 1496 年的朝貢使團到達寧波。他就隨身攜帶了日本扇和日本刀，並且在寧波委託當地的

27 湯穀稔編：《日明勘合貿易史料》（東京：國書刊行會，1983 年），頁 84。

28 宮島新一：《扇面畫（中世編）》，頁 34。

29 呂晶淼：〈十～十六世紀の東アジアにおける扇の流通と伝播〉，收於中島楽章 、伊藤幸司編：《寧波と博多》（東京：汲古書院，2013 年），頁 147。

圖九：狩野正信（1434-1530）所畫的摺扇。18.8 x 43.3 cm，東京國立博物館所藏。（圖像取自：http://tnm.jp./.imgsearch./.show./.C0034597）

中介商人幫他售賣。[30]

四、被追捧的日本摺扇與「假倭扇」

日本和明朝之間的朝貢貿易以及與之伴生的使節私人貿易使得相當數量的日本摺扇穩定地輸入中國。因摺扇在明朝時期大量湧現，甚至有中國文人誤以為摺扇本身就是明朝才有的發明。[31] 而中國市場帶來的對摺扇的需求，也驅動了日本摺扇的生產。據載，日本的摺扇生產在十四世紀後期開始出現明顯增長，更多製作摺扇的工坊出現，並且製作的步驟分工也更趨細化。[32] 這在時間上也與中日貿易的恢復相吻合。

在日本摺扇生產增長並且更穩定地輸出到中國的同時，中國本土的摺扇製作也呈現出了明顯的發展。如前文所述，自南宋時起，杭州市井店舖就已經開始售賣本土所產的摺扇，不過當時中國的製作技術尚明

---

30 嚴從簡：《殊域周諮錄》（北京：中華書局，1993 年），頁 2。

31 王頲：〈折迭扇的輸入與仿製〉，《東南文化》，第 149 期（2001 年），頁 66。

32 宮島新一：《扇面畫（中世編）》，頁 34－41。

顯不及日本，中日各自所產的摺扇大概還可以一眼分辨。但到了明朝，中國本土化製作摺扇也已有了一定的經驗與積累。明初文人王紱（1362—1416）寫有一首幽默詼諧又不乏諷刺之意的〈倭扇謠〉，生動地展示了當時中國製作摺扇的水平以及人們對於進口日本摺扇的追捧：

倭人繭紙摺為扇，缺月生輝銀滿面。
闕下年年多貢餘，都人重購何紛如。
杭工巧黠思爭利，效倭為扇渾無異。
價廉百十人不慊，說是倭來方道地。
倭來道便經杭州，廉價卻將杭扇收。
倭收杭扇堪驚怪，轉眼街頭高價賣。
買扇還家誇扇真，街頭持賣真倭人。
倭人繭紙摺為扇，缺月生輝銀滿面。
闕下年年多貢餘，都人重購何紛如。
倭言我扇不欲利，只欲人間古銅器。
器好年多扇亦多，猶解摩挲看款識。
倭能論器不論財，尊罍彝鼎填街來。
幾人懷金不得扇，手中無器空徘徊。

吁嗟古器日應少，倭貢年年扇來好。[33]

這首詩開篇就對日本摺扇進行了一些特徵描述，也突出了摺扇經常採用金箔、銀箔等作為裝飾的特點。王紱也點明了當時日本摺扇的一個重要來源，即「貢餘」，也提到了特別是在城市中，有很多追捧日本摺扇的消費者。接下來敍述的展開就變得非常有趣。王紱寫到杭州的手工藝者也想從摺扇的利潤中分一杯羹，當時他們已經可以通過模仿日本摺扇而製作出基本上毫無差別的扇子。並且，這些中國本土所產的摺扇還要比日本進口而來的摺扇便宜。但這些外表無異、價錢又更有優勢的中國製摺扇並沒有吸引到中國的消費者，因為他們覺得要買日本產的摺扇才最「地道」。這裏可以看出，明初的中國消費者把日本摺扇視為一個「品牌」，並且他們願意為這個品牌付出更多的金錢。

根據王紱的描述，來到明朝的日本人顯然也知道這一點，所以才出現了日本使團成員路過杭州的時候

33　王紱：《王舍人詩集》（《文淵閣四庫全書》本），卷 2，頁 103。

去買中國產的摺扇，然後轉頭就把這些摺扇當做日本摺扇、高價叫賣的景象。而中國的消費者在這時也完全被「日本」這個牌子所吸引，認為從日本人手中買到的一定是正宗的日本摺扇，所以都興致勃勃地蜂擁去花高價買了來。王紱毫不掩飾對這種行為的嘲諷。這首詩後半部描寫來華日本人對於古代青銅器的濃厚興趣，並且特意提及他們會努力分辨古銅器的優劣，似乎也可看作是與前半部的對比，更加凸顯盲目追求「日本牌」摺扇消費者的「不識貨」。這段既展示了日本使團成員們對中華文明的興趣與嚮往，同時亦可解讀為在暗示日本用並不值錢的扇子換走了更為珍貴的中國古銅器，多層次的內涵很值得玩味。

王紱在詩中的描寫當然有可能存在一定的誇張成分，不過他自己生活在長江下游地區，對於此類場景可能有過耳聞乃至親見。王紱所述的到明初時，中國的摺扇製作工藝已與日本不相上下，應該是符合事實的。當時中國摺扇製作工藝的進步，其他明代文獻也有所提及。

一位杭州士人郎瑛（1487—1566）就細緻地記錄了一些特定的工藝技法是如何從日本傳入中國、並被中國匠人所學習的。郎瑛在筆記《七修類稿》中專門有一條〈倭國物〉來記述多種工藝是如何從日本傳入中國的，其中就包括了製作摺扇所需的技法：

> 古有戧金而無泥金，有貼金而無描金、灑金，有鐵銃而無木銃，有硬屏風而無軟屏風，有剔紅而無縹霞、彩漆，皆起自本朝。因東夷或貢或傳而有也。描金、灑金，浙之寧波多倭國通史，因與情熟言餂而得之，灑金尚不能如彼之圓，故假倭扇亦寧波人造也。泥金、彩漆、縹霞，宣德間遣人至彼，傳其法。軟屏，弘治間入貢來，使送浙鎮守，杭人遂能。鳥嘴木銃，嘉靖間日本犯浙，倭奴被擒，得其器，遂使傳造焉。[34]

這裏提到的諸種工藝，與製扇直接相關的就是描

---

34 郎瑛：《七修類稿》（上海：上海書店，2001 年），卷 45，頁 476。

金和灑金。據郎瑛所言，因為港口城市寧波一地與日本聯繫最為密切，所以當地人也憑藉地理區位優勢掌握了這些技藝。雖然在純熟程度上，中國匠人在「灑金」這一項不能如日本一般做到盡善，但也足以作出可以亂真的「假倭扇」。所以，王紱詩中的日本人都願意買來去賺取差價的「假倭扇」，由這段記載又得到印證。

明代摺扇的製作水平同時還可以通過考古發現獲得信息。僅在長江下游一帶的明代藩王墓與士人墓中就出土了為數不少的摺扇，並且大部分應是中國所製作的。十七座明墓一共出土了至少六十五把摺扇，這些摺扇大多是金地或者有灑金裝飾的日本風格摺扇。[35] 如下圖就是在益宣王朱翊鈏（1537—1603）墓中出土的摺扇，與同時期製作的日本摺扇很難進行區分。[36]

摺扇在明代生產水平的提高得益於多種因素。如

35 夏寒：〈試論江南明墓出土摺扇〉，《中原文物》，第 140 期（2008），頁 79。

36 江西博物館編：《江西明代藩王墓》（北京：文物出版社，2010 年），圖版 62.6。

圖十：江西益宣王朱翊鈏出土摺扇（感謝文物出版社許可此項研究使用此圖像）

上文所及，中日關係的改善促進了物品的流通與技術工藝的傳播，而消費者的熱情自然也會推動生產量的提升。另有一個原因，則是統治者的提倡。雖然洪武皇帝朱元璋因為日本扇的「無規矩」特別作了詩，但永樂皇帝卻因為其卷舒方便而很喜歡摺扇，並命令匠人們學習製作。[37] 而製作摺扇的作坊也由此被設立。並且，摺扇的製作也不僅僅局限在長江下游一帶，像四川等擁有豐富的自然資源並且有悠久的團扇製作歷史的地區，摺扇的製作也如火如荼地發展了起來。據載，四川最初被指定每年要向朝廷上貢 11,540 把摺扇，而到 1551 年，這項貢物又已在此基礎上增加了 2,100 把。[38]

同時，明代士人還開始在紙摺扇的扇面上畫山水，這種對紙摺扇進行再創作的方式，很快就在文人圈中流行了起來。中國文人對於摺扇這種新的好尚也引發了日本方面的關注。繪有山水畫的中國扇面圖冊

37 陸容：《菽園雜記》（北京：中華書局，1985 年），卷 5，頁 53。
38 沈德符：《萬曆野獲編》（北京：中華書局，1959 年），卷 26，頁 662。

圖十一：明代李流芳（1575－1629）所畫扇面。東京國立博物館所藏。（圖像獲取：http://tnm.jp./.imgsearch./.show./.C0088331）

之後甚至都流傳到日本，也為日本摺扇工匠提供了參考。[39]

結語

本文以摺扇的生產、流通、消費串連起從十世紀到十五世紀的東亞海域交流。這五六百年間，東亞各國間的關係以及各國的政權都發生了不小的變化。特別是本書的關注重點中日關係，在這數個世紀中，朝貢關係由中止到恢復。中日關係的變化也影響了日本摺扇在中國的供應情況，以及士大夫們對摺扇的書寫。一個值得思考的現象是，在明初，一方面日本的摺扇被士大夫們寫作無用之貢物，另一方面，消費者們願意為「日本」這個牌子付出更多的金錢。我們也由此看到，摺扇作為一種物品，同時在朝貢體系語境與商業化語境中出現，而在各自的語境中，「日本」有時可以增加摺扇的價值，有時又會降低其價值。不

---

39 石守謙：〈山水隨身：十世紀日本摺扇的傳入中國與山水畫扇在十五至十七世紀的流行〉，《國立台灣大學美術史研究集刊》，第29期（2010），頁19－40。

過，本文所涉的這漫長的歷史時期中，雖然東亞各國的關係有起有伏，但人員、物品、知識技藝的交流從未中斷，只是因應形勢以不同的路徑和規模進行。在日後流傳到全球各地的摺扇，即是這段交流歷史的見證。

香港城市大學中文及歷史學系
創系十週年叢書 03

遺唐使之後

聯結東亞城市的人與物

李怡文 著

叢書總編　程美寶　陳學然

責任編輯　鍾　翩
裝幀設計　簡雋盈　陳佩珍
排　　版　陳美連
印　　務　劉漢舉

出版
中華書局（香港）有限公司
香港北角英皇道 499 號北角工業大廈 1 樓 B
電話：（852）2137 2338
傳真：（852）2713 8202
電子郵件：info@chunghwabook.com.hk
網址：http://www.chunghwabook.com.hk

發行
香港聯合書刊物流有限公司
香港新界荃灣德士古道 200 - 248 號
荃灣工業中心 16 樓
電話：（852）2150 2100
傳真：（852）2407 3062
電子郵件： info@suplogistics.com.hk

版次
2024 年 12 月初版
2025 年 6 月第二次印刷

規格
32 開（190mm × 130mm）

ISBN
978-988-8912-10-0